The Rules of MONEY

Richard Templar

できる人のお金の増やし方

リチャード・テンプラー
桜田直美　訳

Discover

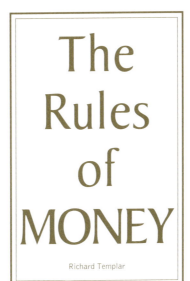

できる人のお金の増やし方

The Rules of Money

THE RULES OF WEALTH
by
Richard Templar

This translation of Rules of Wealth 4/e is published
by arrangement with Pearson Education Limited
through Tuttle-Mori Agency, Inc.,Tokyo

はじめに

「お金、お金、お金……。みんなお金のことばかり考えている」

そう言いたくなるときがあるかもしれないが、その認識は間違っている。お金がいらない人などいないが、ほとんどの人が考えているのは、お金そのもののことではないからだ。

誰もがお金を欲しがり、手に入れたお金を必死で守るのは「お金が好きだから」ではない。お金そのものに興味があるのは、コインコレクターくらいだ。

誰もがお金に必死になるのは〝お金で手に入ること〟のためだ。

愛や幸せは、お金では買えないかもしれないが、お金があるから楽しめることはたくさんあるし、お金があれば避けられる不幸もたくさんある。

私の長年にわたる観察によると、人がお金で手に入れたいことは、おおよそ次の一〇項目に整理できる。

【人がお金で手に入れたいこと】

1　安心と安全
毎日の生活に困らないこと。加えて〝万が一〟のときのための余裕と、老後のためにも十分な蓄えがあること。持ち家があるなら、さらに安心だ。

2　快適な暮らし
十分な広さの家と自家用車があること。健康面で不安があれば、ためらわずに医者にかかれること。必要があれば、家事や掃除、子どもの世話をプロに頼めること。

3　贅沢を楽しむ
海外旅行やレストランでの食事を楽しめること。スポーツ観戦やコンサートに出かけること。洋服やアクセサリーでおしゃれを楽しめること。

4　快適な移動
列車や飛行機をためらわずに使えること。ときには、一等船室での船旅や運転手付きの車での移動もできること。

5　ステータス

有名人や重要人物と知り合うこと。会員限定の招待など特別待遇を受けること。

6　影響力・権力

自分の意見や希望が重要視されること。価値観の合う活動や団体を応援できること。

7　自由

人生を自分の意志で決められること。権力（雇用主・上司・債権者・クライアント……）に振り回されないこと。〆切や予定を押し付けられることがないこと。

8　時間の余裕

行きたいときに行きたいところへ行き、会いたいときに会いたい人に会うこと。好きなときに好きなことができること。

9　人気・評判

人からほめられること。評価され、頼りにされること。

10　社会貢献

自分がよいと信じる社会活動、慈善団体や慈善活動を応援できること。

いかがだろう。おおむね、妥当なリストではないだろうか。リストのどれについても、ある程度のお金が必要なことは間違いない。

もちろん、この一〇項目が人生で大切なことのすべてではないし、すべてを手に入れたからといって幸せが保証されるわけでもない。しかし、この一〇項目を基準に、幸福な人生の基盤を固めるというのは、人生の目標としては悪くないだろう。

本書でお伝えするのは、より多くのお金を手に入れるためのルールだ。ただし、お金を手に入れることだけが目標になってはいけない。お金はただの手段にすぎず、目標はあくまでも、この一〇項目を手に入れることだからだ。

必要なお金を手に入れるには、「お金持ちとそれ以外の人では、何が違うのか?」という秘密を知ることから始めなければならない。つまり、あなたが学ぶべきは「お金持ちの法則」であり「お金持ちの考え方」だ。

私は大勢のお金持ちを観察してきた。

一つはっきりと断言できるのは「ほぼすべてのお金持ちに共通する原則がある」ということだ。本書で紹介するルールの大半は、その原則をルール化したものである。難しいことは一つもない。ただ理解して、実践すればいいだけだ。

一部のお金持ちだけが守っている原則もある。読者の中にも、その一部のお金持ちと似たタイプの人がいるだろうから、念のため、そういった原則も本書では紹介している。

いずれにせよ、すべてのルールは、より多くのお金を手に入れるために役立つはずだ。ただし、それが人生の目標でないことは覚えておこう。くり返すが、お金は人生の手段にすぎないのだ。

リチャード・テンプラー

できる人のお金の増やし方　もくじ

The Rules of Money

1章　お金持ちの心の持ち方を手に入れる19のルール

The Rules of Money

2章 お金持ちへの道を進む50のルール

The Rules of Money

3章 お金を大きく育てる17のルール

The Rules of Money

The Rules of Money

5章 お金を正しく分け合う11のルール

The Rules of Money

6章 他人のお金に振り回されない10のルール

1章

お金持ちの心の持ち方を手に入れる19のルール

The
Rules
of
Money

お金とは、一つの抽象的な概念にすぎない。
普段私たちが使うお金は、物質化したシンボルだ。
つまり、ただの紙切れなのだが、それが巨大な力を持っている。

ほとんどの人が、お金という概念に複雑な感情を抱いている。
「いいものだ」と思う人もいれば「悪いものだ」と思う人もいる。

「お金は悪いものだ」と思い込んでいたら、
お金を手に入れる努力などできない。
あなたが今、お金持ちでないのは
「お金についての思い込み」が原因かもしれない。

自分が本当に欲しいものをきちんと知ることが大切だ。
なぜそれが欲しいのか、どうやって手に入れるのか、
そして、実際に手に入ったら、それをどうするつもりなのか。

お金を手に入れることはスポーツと似ている。
それは、練習すればするほど上達する。
逆に言えば、怠けていては、お金は手に入らない。
間違いなく努力が必要なのだ。

ルール1

「私はお金持ちにはなれない」という思いを捨てる

お金がすばらしいのは、差別をしないことだ。

人種も、肌の色も、社会階層も、両親の職業も、お金にとっては関係ない。あなたが自分自身をどんな人間だと評価していても、お金にとってはどうでもいいことだ。

お金から見れば、昨日のあなたが何をしたとしても、今日は新しい一日だ。今日のあなたには、お金を手に入れる権利があり、チャンスがある。

あなたが今日お金を手に入れられなかったら、それはお金に理由があるのではない。理由は、あなたのほうにあるのである。

お金には何もわからない。誰が自分を持っているのかわからないし、その人の野心も、その人が属する社会階層もわからない。お金には、耳も、目も、五感もない。自分からは動けないし、何も感じない。

お金には人を識別する機能がない。だから、あなたにお金に見合った価値や資格があるかどうか判断することはできない。

私はこれまでに、信じられないほどのお金持ちを大勢見てきた。お金持ちには実にさまざまなタイプがいる。まさかと思う人が、大富豪だったりすることもある。お金持ちで当然だと思える人もいれば「なぜあんな人が？」と首をかしげたくなる人もいる。

共通点があるなら、それは**お金持ち全員が「私はお金が欲しい」と考え、その思いを行動に移している**ことだ。そしてお金に縁がない人は、みな「お金はいりません」「お金持ちになるなんて私には無理です」「私にはお金持ちになる才能などありません」などと考えている。本書は、そんな思い込みに挑戦するための一冊でもあるのだ。

お金がない人は、その理由を周囲の状況のせいだと思っている。貧乏な家に生まれたから、環境に恵まれなかったから……というわけだ。

しかし、屋根のある家で暮らしていて、本書を買うことができているのなら、お金持ちになれる条件は十分に備えている。

たしかに簡単ではない。厳しい道のりになるかもしれないが、可能であることに間違いはない。

ルール2
自分なりの「お金持ち」の定義を決める

あなたにとって「お金持ち」とは、どんな状態のことだろう。

何を目指すにせよ、まずは定義を決める必要がある。実際、私が観察したところ、お金持ちと呼ばれる人は、例外なく自分なりの定義をはっきり持っている。

私の友人の一人は、自分のビジネスを立ち上げたときから定義を決めていたと言う。彼は「利息で暮らしているうちは、お金持ちではない」と言う。「資産の利息の、そのまた利息で暮らせるようになればお金持ち」だ。

現在、その友人は〝利息の利息〟がどれくらいのお金を生んでいるか、時間単位で正確に把握している。例えば、一緒にディナーに出かけると、彼はディナーの価格（＝a）と、ディナーの間の利息の利息（＝b）を計算できる。bがaより多ければ、彼はハッピーだ。

もちろん、彼のような極端な考え方を取り入れる必要はない。

オーソドックスな考え方は、ある資産金額を目標に決めるという方法だろう。一昔前なら、お金持ちと言えば億万長者、つまり一億円の資産がある人だった。

一億円の豪邸を持っている人もいるが、彼らは資産全部で一億円ではお金持ちだと思わないだろう（ちなみに、金額については、話がわかりやすくなるように、日本語版では適宜、日本円に修正していただいた。以下も同じ）。

私の「お金持ち」の定義は「お金の心配をする必要がなくなる」ことだ。しかし、この基準では、具体的な金額を決めるのが難しい。心配の種は次から次へと出てくるからだ。

ありがたいことに今の私は、それなりに余裕のある生活を送っているが、若いころは貧乏だった。1989年にさかのぼると、家具を売り払って、私の部屋にはテーブル一つしかなかった。そのテーブルで請求書を「支払えるもの」と「支払えないもの」に分け、山となった「支払えないもの」を見つめて途方にくれていた。当時の私は心配だらけだった。

あなたの「お金持ち」の定義は何だろう。所有する車の台数？　銀行口座の金額？　決まった正解はないが、自分なりの答えを出してから、本書を読み進めたほうがいいだろう。目標がなければ、目指すことはできないからだ。それに、本書が役に立ったかどうかもわからないではないか。

ルール3

お金の目標を決める

ルール2で「お金持ち」の定義を決めた。あなたの目的地がはっきりしたわけだ。これで次に「具体的な目標」と「期限」を決めることができる。

面倒に感じるかもしれないが、これはごく当たり前のことだ。

例えば、どこかに出かける予定があるなら「目的地では、何をしたいか？」「何時に着く予定か？」「何時に家を出るか？」「どういう道順で行くか？」——こうしたことを決めておかないと、一日をむだにすごす可能性がある。お金持ちになるのも、要領は同じだ。

- **「お金持ち」になったら何をしたいか？**
- **いつ「お金持ち」になるか？**
- **いつ、始めるか？**
- **どういう手順で「お金持ち」になるか？**

こうしたことを決めておかないと人生をむだにすごしてしまう。

具体的には、こんな目標になるだろう。

「私は四〇歳の誕生日までに資産を一億円貯める。そのために不動産開発会社を起業し、その利益で目標を達成する」

目標を決めるだけなら簡単だと思うかもしれないが、実際はかなり難しい。なぜなら、今までは漠然と「お金が欲しい」と思っていただけで、具体的に考えたことがないからだ。

え？　目標は決まってる？　では、それは「現実的」で「正直」で「達成可能」だろうか。

例えば「世界一の大富豪」という目標は、不可能とは言い切れないが「現実的」ではない。

「正直」とは、自分に正直であることだ。自分の価値観と合う目標でなければならない。自分に嘘をつくと必ず失敗につながる。

「達成可能」という条件も必要だ。不動産に興味もないし勉強する気もない、資金もないしローンも組めないなら「不動産で儲ける」という目標は、達成不可能だ。

納得のいく目標が立てられただろうか。もう一度よく考えてから次に進もう。とにかくあなたには、できるだけ早く走り出してもらいたい。

ルール4
お金の目標は秘密にしておく

あなたは「お金持ちになる」という新しい旅に出発した。しかし、旅の目的地は、秘密にしておいたほうがいい。いずれはメンターに相談する必要が出てくるが、今のところは新しい目標を他人に教えてはいけない。理由はいくつかある。

・ほとんどの他人の意見は、否定的でやる気をそぐ。
・周囲の人を〝上から目線〟で見ているように思われる。
・まねされたら、あなたの取り分が少なくなるかもしれない。
・うわさの的になっていいことはない。
・秘密は楽しい。

いちばんの理由は、必ず周囲の誰かが足を引っ張るからだ。なぜそうするかと言えば、新たな目標を宣言するのは、ある意味で彼らに「さよなら」を告げることだからである。あなたが新しい世界を目指すのは、これまでの自分のままでは満足できないからだ。それは、あなたの近しい人にとってはおもしろくないはずだ。だから秘密にしておこう。

ただ黙っているだけだから、失うものは何もない。余計な何かをする必要もない。

あなたはこれからルールを学び、実践していくが、それをわざわざ人に言う必要はない。

本書は私たちだけの秘密だ。本書がどんなに気に入ったとしても、周りに教えてはいけない。

あなたは、自分の前向きな努力を宣言することで、周囲の人によい影響を与えたいと思うかもしれないが、残念ながらあきらめよう。

あなたの話を聞いても、たいていの人は何もしない。努力してお金持ちになるよりも、テレビでも見ていたほうがよいと考えているからだ。私が「秘密にしろ」と言うのは、あなたのためを考えているからだ。

説教されるのが好きな人はいない。「今のままではダメだ」と言われて、うれしいわけがないのだ。

世の中には一人でやったほうがいいことがあるが「お金持ち」を目指すのもその一つだ。

秘密裏に進めていただきたい。そのほうが絶対にうまくいく。

ルール5

必要な努力をすると決意する

あなたの目標が「宝くじを当てる」というような目標なら、この先を読む必要はない。本を閉じて、宝くじを買いにいこう。現実的な目標を立てた人だけ、先を読み進めてほしい。

たしかに、宝くじに当たる可能性がないとは言えない。遠い親戚からの遺産が入ることもあるかもしれない。思いがけない偶然で、お金を手に入れることがないとは言えない。

しかし、そうした幸運な偶然は、あなたには起こらないと思ってほしい。確率から言ってもそのほうが間違いはない。それに、**偶然を待っているうちは行動を起こせない**。

たいていの人は口では「お金持ちになりたい」などと言うが、本気でなりたいわけではない。宝くじは買うかもしれないが、必要な努力をする気がないのだ。犠牲を払うつもりもないし、勉強は嫌いだし、人より多く働くのも面倒だ。目標達成のために、強い意志を持って努力するつもりなどまったくない。

たいていの人は努力を嫌う。お金は欲しいが、たまたま手に入ることを望んでいる。それなら満足なのだ。欲しいのは自分の力で汗水たらして貯めたお金ではないのだろう。

世界の大金持ちを観察してみよう。ビル・ゲイツ、リチャード・ブランソン、ウォーレン・バフェット、ジェームズ・ダイソン、そしてペトル・ケルネル（ご存知ないだろうが、チェコで初めての億万長者だ）――彼らの共通点はただ一つ、がむしゃらに働いたことだ。パソコンで稼いだ人もいれば、金融、掃除機、ポップ・ミュージックで稼いだ人もいる。稼ぎ方は人それぞれだが、彼らに共通するのは、普通の人が一カ月でするような仕事を、わずか一日でしてしまうほど努力したということだ。

お金はただそこにいて、誰かが手に入れるのを待っている。**お金を手に入れるのは、誰よりも早く起きて、誰よりも働いた人だ。**これがお金のすばらしいところなのだ。

あなたも世界の大金持ちから学ばなければならない。私のチームに、怠け者は必要ない。私が欲しいのは、真剣で、やる気があり、野心家で、勤勉で、稼ぐ人物だ。

もう一つ、私が何より大切にしているのはユーモアのセンスだ。こちらも、しっかり覚えておいてもらいたい。

ルール6

現実的に考えて行動する

「お金がない」――そう嘆く多くの人は、目の前の現実に目を向けていない。現実を見ない人があまりにも多いことに、私はいつも驚いてしまう（私が言っているのは、発展途上国の人々のことではない。あなたや私のように先進国で普通に暮らしていて、周囲の友人や近所の人よりお金が少ない人のことだ。念のため）。

人は「お金がない」と山のようにグチを言う。そして、何も行動せず、問題が消えてなくなるのを願っている。

しかし、ご存知だろうか。問題は消えてなくならない。むしろ、どんどん大きくなる。

もしお金が足りなくて、**もっとお金を増やしたいのなら、積極的に行動しなければならない。**何もしなければ事態は何も変わらない。むしろ悪くなるだけだ。

私が最初におすすめしたいのは、宝くじを買うのをやめることだ。そして、その分のお金を貯めることから始めてみてはどうだろう。

今まで宝くじにいくら使っただろうか。そして、当選金額は？　これまでの収支を計算してみよう。収支は、おそらくこの先も変わらない。宝くじを買うのは、確実に損をする方法だ。断言しよう。あなたが一等を当てることはない。

とにかく現実的になることが大切だ。**建設的にじっくりと考えて、答えが出たら実行する。お金の問題から抜け出す方法はそれしかない。**

現実的になること――この原則は貯金にも当てはまる。五年後までに三〇〇万円貯めたいなら、一ヵ月に一万円程度の貯金ではとても追いつかない。目標金額から逆算して一ヵ月の貯金額を割り出す必要がある。

来月すぐには無理な金額だとわかっても、あきらめてはいけない。貯金額を増やす方法を考えよう。あるいは、期限を先に延ばすことも検討しよう。現時点で毎月の貯金をまったくしていないのなら、いきなり一ヵ月に二万円貯金できると考えるのも間違っている。

問題から目を背けたくなる気持はわかる。しかしそれでは、絶対にお金持ちにはなれない。あなたが本気なら、自分の問題と正面から向き合い、計画を練らなくてはならない。

ルール7

お金に対する偏見を捨てる

多くの人は、お金に対するある種の偏見を持っている。それは、両親の教育や育った環境から刷り込まれて、頭の中に定着した間違った思い込みだ。

ちなみに私は「一ペニーの節約は一ペニーの得」と教えられた。母の声が今でも聞こえてくるようだ。ちなみにこの言葉の意味は、今でもよくわからない。

私は幸運なほうかもしれない。刷り込まれたのが特に害のないナンセンスだからだ。しかし、ほとんどの人が、次のようなやっかいな思い込みを抱えている。

- お金は諸悪の根源だ。
- お金と幸せは両立できない。
- お金持ちになるのは、強欲な悪人だけだ。
- お金は汚れている。お金の話をするのは下品なことだ。

・私はお金持ちになる才能がない。

あなたに当てはまるものはあるだろうか？　もしあるなら、**なぜ自分にその思い込みがあるのかを考えよう。それは、自分なりにじっくり考えた上での結論だろうか。**

親から教えられたり、誰かが言っていたのを聞いて、なんとなく信じていることなら、見直すべきだ。ナンセンスな事実無根の思い込みは捨てよう。

お金持ちになるのを妨げる偏見は捨てる必要がある。そうすれば、今度はまったく新しい考えを頭の中に書き込むことができる。

・お金はいいものだ。
・お金を欲しがるのはいいことだ。
・私はお金持ちになる。そのために努力する覚悟がある。

多くのお金持ちは、お金に対して無意味な偏見を持っていない。ある時点で偏見を捨てたか、または最初から持っていなかったのだ。あなたも、役に立たない偏見を捨てれば、お金持ちに近づくことができる。

ルール8

お金は知恵と労働の結果だと理解する

より勤勉に、より賢く働けば、稼ぎは今より増える。だから、一生懸命に働けば、お金持ちになれる可能性は高くなる。

神様（あるいは空想上の委員会のようなもの）が、あなたにふさわしい金額を決めているのではない。**収入とは、ご褒美ではなく、労働の直接の結果だ。あなたは、これを事実として受け入れなければならない。**

オンラインカジノ会社を経営するカルヴィン・エアーという人物がいる。彼のサイトは大成功し、かなりのお金持ちになった。顧客は、アメリカだけで一六〇〇万人もいたという。カルヴィン・エアーはアメリカ人ではなく、アメリカに住んでもいなかったのだが、アメリカ司法省に目をつけられ、事業の閉鎖を迫られた。

私は彼の物語を経済誌「フォーブス」のサイトで読んだ。ちなみに、世の中のお金持ちは、たいてい「フォーブス」のサイトをブラウザのトップページにしている。あなたも、そうするべきだ。**あなたも、これからお金持ちになるのだから、普段から、お金持ちが読むものを読むように習慣づけておかねばならない。**

さて、カルヴィン・エアーに話を戻そう。彼は法律の抜け穴を利用して大金を稼いだ。彼はアメリカに住んでいないので罪にならなかったが、彼は非難されるべきだろうか？私なら何も言わない。そもそも私がこの情報を調べたのは、自分もまねできないかと思ったからだ。ギャンブルというビジネスに問題はあるが、彼が大金を手に入れたのは、ハードワークの結果だということもまた事実である。

先日、テレビで、セレブ専門の洗車サービスを始めた男性が紹介されていた。洗車の値段は一台八〇万円。ワックスがけ込みだが、信じられないくらい強気な価格設定だ。この八〇万円は、労働の対価だろうか。それとも、ご褒美だろうか。少なくとも、この男性はご褒美だとは思っていないはずだ。彼のビジネスアイデアと努力から生まれた結果であり、正当な報酬だ。

私たちはお金持ちを見ると、すぐに〝その資格のある人物か〟を判定しようとする。しかし、収入とはご褒美ではなく、知恵がある人が実際に行動した結果なのだ。

ルール９

何のためのお金が欲しいのかを見極める

人は誰でも、自分を幸せにしてくれるものにお金を払う。何にお金を使うかは個人の自由であり、私がとやかく言うことではない。私がシャトーヌフ・デュ・パプ（フランス産ワインの銘柄だ）にけっこうな額を払うのも、他人には理解できないだろう。

それでは、**あなたはなぜお金持ちになりたいのだろう。その答えから、あなたの心の奥底にあるお金に対する思い込みが見えてくる。**

あなたには夢があって、その夢の実現のためにお金が必要なのかもしれない。

ノンフィクション作家のジェラルド・ダレル（『虫とけものと家族たち』の著者）は、動物園を持つのが夢だった。そこで三六冊のベストセラーの印税を元手にジャージー島に動物園を開いた。彼は、夢を実現させたのだ。あなたの夢は何だろう。

もしかすると、ダレルのように単純な話ではない可能性もある。

先日、ある知り合いの女性に、お金持ちになりたい理由を質問したら、興味深い答えが返ってきた。お金があれば、子どもは独立して家から出ようと思わなくなるからだという。つまり彼女は、孤独にならないためにお金が欲しいのだ。

別の知り合いは「冒険の旅に出るお金が欲しい」と言ったが、さらに突っ込んで聞いてみると、冒険とは、どうやら現状から逃げ出すことのようだった。

この二人にとって、解決策は本当にお金だろうか。

お金で実現したいことがあるなら、お金以外の方法で実現できないかを、考えておくべきだ。例えば、病気の家族の治療のためなら、医療保険に加入し、毎月少しずつ保険料を払っていくという方法のほうが近道かもしれない。

手に入れたいものが、本当にたくさんのお金が必要かも考えてみよう。

私は車とボートが大好きだ。だが、不思議なことに、収入が増えても、車とボートにかけるお金は増えていない。古くて安いものを買って、メンテナンスをするのが楽しいからだ。

あなたはなぜお金が欲しいのだろう。そのお金で何をしたいのだろう。

自分なりの目標を決め、決めたら紙に書いてしまっておこう。目標は紙に書くと、よりリアルに感じられる。それに、いつか紙を見て、最初の目標と、実際にたどり着いた場所を比べてみることもできる。

ルール10
お金がお金を生むことを理解する

お金がお金を生む――お金について、これ以上の真実は存在しない。お金は、まるでウサギのように静かに、しかしあっという間に繁殖する。

金持ちはますます金持ちになり、貧乏人はますます貧乏になる――悲しいことだが、事実だから仕方がない。あなたは、この問題を解決しようと努力することもできるし、ずっと座って文句を言い続けることもできる。どちらを選ぶかはあなた次第だ。

実際、お金がある程度貯まると、そこからお金は加速度的に増えていく。

なぜそうなるか知りたければ「複利」という概念を理解する必要がある。これを知らないとお話にならないほど重要な、すべての蓄財の基礎だということだけは言っておく。

……私の説明は期待しないでもらいたい。そもそも本書はそういう本ではないからだ。金融の専門書を読んで勉強してもらいたい。だいたい、ここで簡単に説明したら、結局あなたは何も学ばないだろう。

私のこれまでの観察によると、**複利という概念を理解している人はお金持ちであり、理解していない人はそうではない**、ということだけはお知らせしておく。

収入をすべて使っていたら、複利の威力を活用できる日は永遠にやってこない。お金にお金を生んでもらうには、まず貯金しなければならないのだ。ウサギ牧場を持っていても、ウサギをみんな殺して食べてしまったら、牧場経営もそこで終わりだ。

いや、ウサギ牧場の話は忘れてもらっていい。**あなたが始めなければならないのはお金牧場だ。**あなたのお金はどんどん繁殖する。そうなっても全部使ってはいけない。そんなことをしたら、ウサギが一匹もいなくなってしまう。

これはまったく難しい話ではない。それなのに、理解していない人が多すぎる。あなたはもう理解したはずだ。そんなあなたに、私から最高のアドバイスを贈りたい。

- **毎月、決めた額を必ず貯金に回すこと。**
- **貯まったお金の〝ごく一部だけ〟を消費に回すこと。**
- **貯まったお金の大部分を投資に回すこと。**
- **周囲の人には秘密にすること。**

ルール11

手取り金額を計算する

手取りの計算だって？　なんだか退屈そうだ。しかし、退屈だなんて思ってはいけない。手取りをきちんと計算すれば「夢のマイホームがいつ手に入るか？」がわかるからだ。もちろん人によっては「夢の世界旅行にいつ出かけるか？」「いつリタイヤして、悠々自適の生活に入るか？」「子どもにいくら残せるか？」「いつ、どんな車に乗れるか？」……ということだ。そう自覚すれば、退屈も吹っ飛ぶだろう。

このルールが必要なのは、金融商品などで得られる利益を、業者の宣伝通りに受け取る人があまりに多いからだ。**あなたは、必要経費や税金を差し引いて考えているだろうか？**

例えば、三パーセントの利息がつく金融商品があるとする。三パーセントはかなり魅力的だ。しかし、税率が四〇パーセントなら、あなたの手元に入るのは一・八パーセントになる。こうなるとあまり魅力的とは思えないのではないだろうか。

水を差すようだが、冷静に考えるというのは、こういうことだ。とにかく、**宣伝されている収入に惑わされず、きちんと手取り金額を計算して納得する必要がある。**きちんと計算しても気持ちが変わらないようになれば大丈夫だ。後でがっかりすることはない。

もう一つ例をあげよう。マンションを三〇〇〇万円で購入して、年間一五〇万円の家賃収入が見込めるなら、二〇年で完済だ。これは、なかなかいい投資のように思える。

しかし、ちょっと待ってほしい。考えなければならないことがある。

まずは、ローンにかかるコスト。それに保険。さらに賃貸代行業者への支払いや、借り手がつかないリスクも考える必要がある。そして、税金だ。家賃収入には税金がかかる。

物件の資産価値が上がる可能性もあるが、それも絶対ではない。かなり長い間所有するつもりなら別だが、五年か一〇年で売却するなら、たいして値上がりは期待できない。むしろ値下がりする可能性だってある。

面倒がらずに計算しよう。難しいことは何もないが、すべての要素を見落とさないように注意は必要だ。特に税金は忘れてはいけない。何らかの収入があったら、必ず払うことになるのだから。

ルール12

お金を見ない。問題の本質を見る

お金があるからといって、すべての問題が解決するわけではない。

お金があれば、人間関係がうまくいくわけではない。

お金があれば病気にならないわけでもない。たしかに、お金でいい医療を受けられるかもしれないが、病気になるのを避けることはできない。

お金があればよりよい食事を食べることができる。しかし現在、世界の先進国の健康状態はひどいことになっている。つまり、お金があれば健康になれるというわけでもない。


お金で問題を解決しようとすると、問題の本質が見えなくなる。お金だけでは解決策にはならないのだ。

……あなたが今、考えていることは私にはわかる。「著者は間違っている。もし、もっとお金があれば、あの問題は解決できる」などと考えているのではないだろうか。

しかし、もっとお金があれば、それはそれで問題もさらに増えるというのが現実だ。


お金があっても、幸せにはなれない。

お金があっても、スリムにはなれない。

お金があっても、よい友達ができるわけではない。

お金があっても、心の平和は手に入らない。


太っていて、不幸で、本当の友達がいないお金持ちはたくさんいる。

ここでのポイントは、問題の本質を見て、解決策を考えることが先決だということだ。

その次に解決策を実行するお金を手に入れる方法を考えるというのが、正しい順番だ。

お金それ自体が問題を解決してくれることは絶対にない。**お金は車輪をなめらかに動かすオイルだ。**お金は決してエンジンにはなれない。

ルール13

お金持ちになることと、いい人であることを両立する

多くの人が、次のような考えを信じている。

・お金持ちになるには、道徳心を捨て、非情で強欲な人間になる必要がある。
・お金持ちになるには、温かい家庭や友情を犠牲にしなければならない。
・お金持ちになると、ストレスが原因で病気になる。

こうしたお金持ちがいないわけではないが、必ずそうなるわけではない。**お金が増えるにしたがって、夜眠れなくなったり、仕事が楽しくなくなるなら、それはどこかで間違っているというサインだ。**自分自身とじっくり向き合う必要がある。

お金を手に入れるために、自分を曲げたり、良心を売り渡す必要はない。ただ、お金持ちになると決意し、その決意を守るだけでいいのだ。

以前に見たあるアニメで、こんな場面があった。ある会社の会議室に、役員たちが座っている。その様子を小さな女の子がドアを開けてのぞき込んで「お金で優しい笑顔は買えないんだね」と言う。役員たちは一瞬、恥ずかしそうな顔をするが、会長が一喝する。「出ていきなさい。優しい笑顔なんて一銭の得にもならん」。すると他の役員もほっとした表情を浮かべ、そのまま会議を続ける……。

私なら、優しい笑顔を向けてもらいたいし、そのためなら多少のお金を失ってもいいと思う。お金のために人生の原則を曲げることはしたくないし、家族とすごす時間を犠牲にもしたくない。ベッドに入ってお金の心配をしたくないし、お金に夢中になりすぎて、ユーモアを失ったり、楽しむことを忘れたりするのもごめんだ――以上が、私にとって譲れない条件だ。そして、この条件を守ったまま、お金持ちになることは可能だ。

ここは私を信じてほしい。これまで実際に、人間的にも優れていて、人生を楽しんでいるお金持ちをたくさん見てきたからだ。彼らはお金儲けと倫理的な生き方を両立させている。

いい人柄のままで大金を稼ぐことに何の問題もない。もし問題を感じるなら、あなたはその思い込みを変える必要がある。

ルール14

お金と良心を取引しない

私はグーグルの「邪悪になるな」というモットーが好きだ。

嘘をつく、ズルをする、盗む、詐欺を働く、不眠になる、こそこそ隠れる、法の網を逃れる、規則を破る……。お金のためにこうした「邪悪なこと」をしなければならないなら、そのお金はあきらめよう。**お金には、良心を売り渡すだけの価値はない。**

悪いことを心から楽しむことなどできない。そして、お金を稼ぐことが楽しくないなら、続ける意味はまったくない。「正直な方法でお金を稼ぐ」というチャレンジに魅力を感じないなら、お金のことは忘れて、他のチャレンジに向かうことをおすすめする。

私の以前の知り合いに、本物の犯罪者がいた。彼は「悪いヤツは犯罪を楽しんでいると思う人がいるが、犯罪者の生活なんて楽しくもなんともない」と言っていた。彼に言わせると、犯罪者こそ、普通の人よりずっと正しく生きなければならない。ちょっとした交通違反でも、そのせいで犯罪がばれる危険があるからだ。

犯罪者は、目立ってはいけない。深夜のパーティにも出られないし、高級車にも乗れないし、贅沢な暮らしをすることもできないと彼は言っていた。まあ、そういうものだろう。とにかく、**悪事を働かなければならないのなら、それは失敗しているということだ。**どこかで、やり方を間違えているということだ。そして、それは考えるのを怠け、創造性のないつまらない人間になっているということでもある。


悪事を働いて大金持ちになった人物の目をのぞき込んでみよう。何が見えるだろうか？

あなたは、不眠症で疲れた顔になりたいだろうか？

玄関のベルが鳴るたびにびくっとするような人生を送りたいだろうか？

誰からも信頼されないような人間で満足だろうか？　答えは考えるまでもないはずだ。


他人を陥れる、冷酷な仕打ちをする、不正を働く、法律を破る、規則を曲げる……そういった方法を使わずにお金を稼いでいるのなら、そのままで問題ない。

必要なのは、自分の良心に照らし合わせて、自分が何をしているか、そして自分のお金が何をしているかをチェックすること。シンプルで当たり前のことだ。

ルール15
お金と幸せの関係を理解する

不幸になる原因はたくさんある。お金にまつわる不幸を教える言葉もたくさんあるが、次の二つを覚えておけば十分だろう。

・**お金が少なすぎると不幸になる。**
・**お金がありすぎても不幸になる。**

まず理解しておくべきは「お金＝幸せ」ではないということだ。お金で幸せが買えるように勘違いしている人はたくさんいるが、それは真実ではない。

貧乏でも幸せになれるし、お金持ちでも幸せになれる。そして、貧乏でもお金持ちでも、不幸な人は不幸なのだ。だから、**幸せになるためにお金が必要だと思っているなら、間違いなく失望することになる**だろう。

「権力が欲しい」「若返りたい」「健康になりたい」「人気者になりたい」「見た目をよくしたい」という理由でお金が欲しいなら、その場合も失望することになるだろう。

お金にそこまでの力はない。空想の世界では、お金の力は無限かもしれないが、現実の世界ではそうではない。お金の力で、何かが実現したように見えることがあるが、本当の理由は他にある。お金はただのプラシーボだ。本物の治療薬ではない。

あなたはこう質問したいだろう。

「いろいろ言っているが、結局、お金と幸せはどういう関係なんだ？」

お答えしよう。答えは「何の関係もない」だ。

「何かを買えば幸せになれる」などと、お金に過大な期待を抱かないほうがいい。なぜなら、お金にそんな力はないからだ。

ＢＭＷの新車を買えば、たしかに、心がときめくだろう。何かを買ってうれしくなるのは自然なことだ。しかし、そのときめきは、買ったものが運んできたのではない。元からあなたの心の中にあったものが表に出てきたのだ。

たしかに、お金があれば避けられる不幸はたくさんある。しかし、お金にできるのはそこまでだ。お金が幸せを運んでくることはない。

ルール16

価値と値段の違いに目を向ける

ワインに詳しい義父に質問したことがある。一流レストランの二万円のワインは、スーパーの一〇〇〇円のワインより、本当に二〇倍もいいものなのか、といった質問だ。

義父の答えは興味深いものだった。彼が言うには、二万円はワインの値段ではない。店の雰囲気、サービス、場所、ソムリエの専門知識、楽しい仲間、高級なテーブルクロス、プライバシーが守られること、ステータスと高級感、伝統、食事と信頼性、ワインの保存状態、客層の高さ、興味深い会話……そうした諸々に二万円を払うのだ。

私たちは、値段を見て、その物の価値を知っているつもりになっている。しかし、**物の価値は値段だけではかることはできない。**

私は古いメルセデスを一台持っている。私は節約家でもあるから、高い新車には興味はない。そもそも新車の資産価値は下がる一方だ。たしかに中古のメルセデスの修理には大金がかかるのだが、壊れることもめったにない。

それはともかく、ある日、自宅に友人が訪ねてきた。彼は、買ったばかりの新車に乗っていた。まるで宇宙船のような小型のハッチバックだ。彼は、泥で汚れたオンボロの私のメルセデスを見て「おっ、メルセデスか！　儲けているんだな」と感心していた。

私は「それは違う」と説明しようとした。彼の新車のほうが高いに決まっているからだ。私の中古のメルセデスの五倍はするはずだ。しかし、彼は聞く耳を持たなかった。なにしろメルセデスだから高いに違いないと頭から決めつけていた。

私がその日学んだのは、実際の値段と、他人が考える価値は違うということだ。


ここで大切なことを教えよう。**物の値段は、自分にとっての価値よりもずっと安いこともあれば、ずっと高いこともある。**

物の値段は、実際に払う人がいる金額で決まる。逆に言えば、ある絵画の値段が一〇万円と書いてあっても、実際に払う人がいなければその値段に意味はない。

あなたは、これからお金持ちになるのだから（本書のルールを実践して勤勉に働けば必ずなれる）、「価値」と「値段」の違いを知っておくのは役に立つはずだ。

ルール17

お金持ちの考え方を身につける

ある人がお金持ちになれるかどうか（または、すでにお金持ちかどうか）を知るシンプルな方法がある。新聞の読み方を観察すればいいのだ。次の点に注意して観察してみよう。

- どの新聞を選ぶか？
- どのページを読むか？
- どのページを読まないか？
- どんな順番で読むか？

まずは、自分の新聞の読み方に当てはめて考えてみよう。（相続や宝くじではなく）自分の力でお金持ちになった人には、必ず次のような特徴がある。

・（ゴシップ紙やスポーツ新聞ではなく）〝真面目な新聞〟を選ぶ。
・〝真面目なページ〟を読む。
・〝軽いページ〟は読まない。
・金融、経済関係のページから読む。

正直に言うと、私は経済欄と同じくらいゴシップコラムが大好きだ。あなたもそうなら、私と同じように〝桁外れの大金持ち〟にはなれないだろう。それでも、そこそこのお金持ちにはなれるし、そのほうが人生は楽しいかもしれない。

いずれにせよ、お金持ちになりたいなら、お金持ちの考え方を身につけなければならない。**彼ら特有の言葉づかいを学び、彼らが食事をする場所や住む場所を知り、働き方と休みのすごし方を知り、貯金と投資の仕方を知っておこう。**

お金を増やしたかったら、勉強しなければならないのだ。お金持ちと話したり、インタビューや伝記を読もう。貴重なヒントが得られるはずだ。ビジネスや投資の良書を読むのもいい。経済専門の雑誌から最新情報を仕入れるのもいい方法だ。

桁外れのお金持ちになるには、本当にお金が好きでなければならない。人生のすべてがお金になる必要がある。お金持ちの大学は、死ぬほど勉強しなければ卒業できないのだ。

ルール18

お金持ちに嫉妬しない。彼らから学ぶ

お金を増やすために注げる労力は人によって異なる。どれほどのことをするか（そして、何をしないか）は人それぞれだ。

だから、お金持ちに嫉妬しても仕方がない。彼らがそれを手に入れるためにどれだけ努力し、何を犠牲にしたかを知れば、嫉妬なんて感じないはずだ。

もちろん、楽をしてお金持ちになった三種類の人（宝くじが当選した人、遺産を相続した人、お金持ちと結婚した人）が相手なら、嫉妬するのも当然。それが自然な感情だ。

しかし努力して稼いだお金は、稼いだ人のものであって、あなたには関係ない。彼らはやるべきことをやった。彼らには優れたアイデアがあり、起業家精神があった。誰よりも早く起きて働いた。目標があり、やる気があった。そんな**お金持ちに嫉妬するのは無意味だ。むしろ彼らから学ばなければならない。**

成功者から学ぶことはとても大切だ。理想を言えば、あなたにもお金のメンターがいたほうがいい。正しい（合法的で、楽しくて、他人を犠牲にしない）方法でお金持ちになった尊敬できる人物は、あなたに貴重なヒントをくれるはずだ。あなたを正しい道に導いてくれるし、誰かからの借金の申し込みをきっぱり断ってくれるかもしれない。

私は超がつくお金持ちに出会ったら、まずその人がどうやって稼いだかを分析し、次にその方法が自分に合っているかを考える。大切なのは、正しい方法しか使わないということだ。合法的で、楽しくなければならない。

そもそも**本書のルールを実践するというのは、お金持ちのように行動するということ**である。彼らと同じルールで行動すれば、あなたもお金持ちになれるはずだ。

私にもお金のメンターがいる。お金に関しては、彼の言葉をすべて信用している。なぜなら彼は、資産の利息の、そのまた利息だけで生活できるようなお金持ちだからだ。私もそのレベルを目指している。

誰かお手本を決め、その人から刺激を受けよう。ルールの実践者に嫉妬はふさわしくない。そしてあなたは、すでにルールの実践者だ。

ルール19

目先の楽しみより、将来のお金を選ぶ

あなたは自分のことをどれくらい知っているだろう。

たいていの人は、自分のことをよく知っているつもりでいる。ところが、禁煙する、減量する、お金持ちになるなどの目標ができると、いかに自分を知らなかったかに気づくことになる。自分とは、思っていたよりも怠け者で、意志が弱く、簡単にあきらめるものなのだ。

もし私があなたのメンターになり、お金持ちになる方法を個人的に伝授するなら、まず確認したいのは、あなたが本気かどうかということだ。

あなたの決意は本当に固いのか？
努力する覚悟はあるのか？
あきらめない粘り強さはあるのか？
スタミナは？　ガッツは？　ぶれない心は？

あなたに覚悟がないのなら、成功するのは難しい。

私は、やる気をそごうとしているのではない。お金持ちになるのは、学んで身につけられるスキルだと言いたいのだ。ただし条件があり、本気で学ぶ覚悟と決意が絶対に必要なのだ。

もしウィンブルドンのチャンピオンになりたいのなら、五歳にはテニスを始めて、一四歳までにはジュニア大会で優勝する必要がある。お金もそれと同じだ。太りすぎの中年が、テニスを始めていきなり世界大会の決勝に出られるわけではない。

私は貧乏な学生だったころ、食費のために貴重な本を売ったことがある。いずれ高値がつく本を所有するか、一回の食事を楽しむかという選択で、後者を選んだのだ。

最近になって、その同じ本を古本屋で見かけたのだが、自分がバカな選択をしたことを思い知らされるだけの値段がついていた。私の言いたいことがわかるだろうか。私は学生時代に、お金持ちになる道ではなく、貧乏になる道を選んでいたのだ。

お金持ちになるには、若くて貧乏な時代から、かなりの犠牲を払う覚悟が必要だ。**自己管理を徹底し、目先の快楽に惑わされず、長い目で見た利益を第一に考える。**自己管理と目先の快楽をがまんする力――この二つの能力は、身につけておいて損はない。

2
章

お金持ちへの
道を進む
50のルール

The
Rules
of
Money

お金持ちになるための、具体的な行動を始めよう。
ここから先は地図にない道を進むことになる。

道なき道を一人で進むには、
まず自分の現状を冷徹に分析し、計画を立て、
ひとつひとつ着実に階段を昇らなければならない。

お金持ちになるには、自分に正直になる必要がある。
自分の時間と労力を注ぎ込む覚悟を決める必要もある。

この章のルールは、お金を増やす行動について教えている。
びっくりするほど単純なルールもあるが、
行動を変えるのは簡単なことではない。

すべてのルールで、あなたは自分に質問しなければならない。
「私はこのルールを実行しているだろうか？」
行動を起こし、変化を起こす固い決意が何よりも重要だ。

ルール20

今の経済状況を正確に把握する

何に挑戦するにせよ、**前に進むための最初のステップは、自分の現在地を知ることにある。**

ロビンソン・クルーソーは、難破船を脱出して海岸にたどり着いたとき、まずは手持ちの食料、日用品、銃、弾薬を確認した。クルーソーは、冷静に持ち物を確認してから、島の探検に取りかかったのだ。

あなたは今〝お金持ち島〟の海岸に泳ぎ着いて、新しい人生を始めようとしているところだ。まず、持ち物の確認をしなければならない。

いくら持っているのか。お金にならないものは何か。どんな借りと貸しがあるか……現在の自分の経済状況を丸裸にしよう。

左のページは、そのためのチェックリストだ。人によっては、項目を変えたほうがいい場合もあるだろう。まずは細部にこだわらずに、大まかな数字を出してみよう。

このルールを飛ばしてはいけない。前に進むために、現実を直視することは不可欠だ。

■ 現在の経済状況を大まかに把握する

項目	＋	－
家／住宅ローン		
クレジットカード		
銀行預金		
年金		
その他のローン		
資産（車など）		
その他の資産（宝石など）		
投資		
その他の負債		
合計		

■ 収入と支出を把握する（月単位、または年単位）

あなたの収入を記入：		
支出項目	金額	収支
固定費 （保険料、食費、会費など）		
変動費 （趣味、レジャー、旅行など）		
合計		

ルール21

目的地への計画を立てる

愚か者は、お金を驚くほどあっさり手放してしまうものだ。なぜなら愚か者には計画がないからだ。計画がないと、人は簡単にお金を浪費する。新しいビジネスアイデアやキャリアの目標のことも忘れてしまう。

しかし、計画があれば、目標に近づく行動とそうでない行動を、はっきり見分けることができる。あなたはすでに、自分の現在地はわかっている。それに目的地もわかっている。後は**計画があれば、どうやって目的地にたどり着くかがわかるのだ。**

ここでまたロビンソン・クルーソーを例に考えてみよう。

彼は遭難すると、まず持ち物を確認して、それから「雨露をしのぐ家と食料を手に入れる」と計画を立てた。そして彼は、浜辺にほったて小屋を作った。

しかし、その小屋は最初の嵐で吹き飛ばされてしまい、今度は内陸の洞窟の中で暮らすことにした。つまり、どんな計画でも、柔軟な調整が必要ということだ。

まずは、最初にすることを決めよう。

借金があるなら、その返済を最優先にしなければならない。

浪費癖がある人は、その改善が最優先だ。

転職を考える人もいるだろうし、「新しいビジネスアイデアを作る」「投資を始める」「お金を貯めて賃貸用の不動産を買う」といった行動計画を立てる人もいるだろう。

何かを売って稼ぐ方法もある。商品やサービス以外にも、自分の時間やスキルを売ることもできる。だから私は本を書くのが好きなのだ。一度本を書き上げれば、私が寝ている間もお金が入ってくる。

パットン将軍は**「今日のまずまずの計画は、明日の完璧な計画よりも役に立つ」**と言っている。とにかくすぐに計画を立てて、それを実行することが大切だ。

何をすればいいかわからないという人も、この先を読めばヒントがたくさん書かれている。心配はいらない。

ただ座っていても、お金が増えることはない――今はただ、これだけ覚えておけばいい。

ルール22

お金の〝水漏れ〟を止める

イギリスでは、庭の水まきなどの屋外での水の使用を制限する法律をめぐって大騒ぎになったことがある。外国の方には、いったい何の話だかさっぱりわからないだろうが、実はイギリスに住んでいる私もよくわかっていない。

イギリスでは、ダムの貯水量が十分ではない。しかしイギリスを訪れたことがある人なら誰でも知っているが、イギリスはいつも雨が降っているような国だ。だからイギリス人の多くは、水不足の原因は、水道会社が壊れたパイプを補修しないことにあると考えている。

私の言いたいことがわかるだろうか。

お金も水と同じで、たくさんあっても、水漏れしていたら、いつの間にかなくなるということだ。**税金、利息の支払い、むだづかい……、お金が漏れる原因は数限りなくある。**お金をコントロールしたいなら、まず水漏れを止めなければならない。

ルール20を実行したなら、クレジットカードの支払額を把握したはずだ。たぶん、思っていたよりも高額だったのではないだろうか。

たいていの人は、カードで払うと、ついつい使いすぎてしまう。水漏れを止めるには、すべてのカードにはさみを入れて、カード負債をすべて返済しなければならない。

カードローンを使っているなら、利息にいくら払っているかを見てみよう。住宅ローンでも同じだ。金融業者の言いなりになっていると、必要以上の利息を払わされることがある。固定金利の期限が切れるタイミングで、もっと金利の低いものを探したほうがいい。

支出をすべて記録することが大事だ。とにかくすべてだ。**まずは一週間、すべての支出を記録してみて、自分のお金の使い方を把握しよう。**

簡単に金持ちになる方法を期待してこの本を買ったのなら、「お気の毒に」と言うしかないが、お金持ちになりたいなら、まずはお金が出ていく先を知らなければならない。とにかく私に言う通りにしてみてほしい。後悔はしないはずだ。

記録するときには、隠れた支出に注意すること。例えば、デビットカードの支払いは見逃しがちだ。それから雑誌などの定期購読の費用。

お金を増やすには鷹の目が必要だ。お金の〝水漏れ〟を見逃してはいけない。

ルール23

保険を見直す

保険会社は、自分たちに利益が出るように保険料の額を決める。個別のケースでは損もあるが、全体として儲かる金額だ。彼らを儲けさせてくれるのは、もちろん保険加入者である。

これは「正しい保険の選び方」といった話ではない。そもそも保険会社は、損をするようなことはしないという商売の話だ。保険に入らずその分を適切に運用するほうが、保険料を払うよりもずっと安上がりになる――これが多くの人にとっての真実だ。

保険会社の経営には、諸々の経費がかかる。それは、あなたが払った保険料から支払われる。だから、平均すると払った保険料の三分の二がもらえればいいほうだ。つまり、**そもそも保険というのは割に合わないもの**なのだ。

とはいえ、保険をかけたほうがいい場合が二つある。

一つは、自動車保険など法律で決められている場合。そしてもう一つは、もしものときに多額の現金を用意できない場合だ。ここでは後者についてお話ししよう。

例えば、ペットの犬が病気になって、手術に二〇万円必要になったら、あなたはそのお金をすぐに用意できるだろうか。もしできないなら、あなたはどうするだろう。

いざというときに、病院にかかれないようなら、多少は損をしても保険に入っていたほうが安心できるということだ。保険に入っていれば、現金がないときにペットが骨をのどに詰まらせても、手術してもらうことができる。

医療保険は判断が難しいが、家電の保険なら話は簡単だ。洗濯機が壊れたなら、最悪でも新しい洗濯機を買うお金がかかるだけだ。そのお金があるなら、保険はいらない。

保険料に毎月いくら払っているか、きちんと把握しているだろうか。わからない人は、今この場で計算してみよう。次に、そのお金で何ができるかを考える。**保険に入る代わりに貯金すれば利息はつくし、投資に回すことだって可能だ。賢い人はすでにそうしている。**

むだな保険は解約して、その分を貯蓄に回そう。ペットが病気になったり、洗濯機が壊れたりしたら、その貯金から払えばいい。そのお金には、きちんと利息もついている。

保険会社に払ったお金の三分の一は返ってこないが、自分で貯金していればすべて自分のものだ。使ってもいいし、投資に回してもいい。すべてあなたの自由だ。

ルール24

お金持ちに見える人になる

今朝、求人広告を見ている男性を見かけた。よれよれのパーカーを着て、フードをかぶり、背中を丸めてポケットに手を入れていた。髭も剃っていなかった。おそらく面接もその格好で行くのだろう。残念ながら採用されないと私は思った。

私は、これまでにたくさんの就職面接を担当したが、求職者には何度もがっかりさせられた。ちょっとした下調べの努力すらしない人もたくさんいた。

「なぜこの会社で働きたいのですか?」「わかりません」

「うちが何の会社か知っていますか?」「知りません」

こんな話は聞き飽きたかもしれないが、努力しない人は、結果も手に入れられないというのは、まぎれもない事実だ。

人間もしょせんはサルと変わらない。サルの群れと同じように、弱そうに見える人は、そういう扱いを受ける。

ここで私が言いたいのは、まず見た目を変えなければならないということだ。**あなたには、力と自信を感じさせる見た目が必要だ。**

いい服を買うお金がない？　いやいや、高価なスーツでなくても力と自信を示すことはできる。大切なのは、姿勢や歩き方、全体のイメージだ。それに、お金をかけずに身なりを整えることは可能だ。人から借りてもいいし、スーツを安く買う方法もある。

私の場合、最初のカジノの仕事での面接では、チャリティショップで安いジャケットを手に入れた。ボタンはダブル、襟はサテン、それに蝶ネクタイもついていた。私は何度も練習して、面接の本番ではジェームズ・ボンドになりきることができた。

そのスタイルは間違いだったと後でわかったが、それでも、スタイリッシュな人物として面接官の印象に残り、当時の私にとって高嶺の花だったカジノに就職することができた。

お金持ちの服装を研究し、スタイルと気品を身につけよう。**周りからお金持ちだと思われれば、それにふさわしい扱いを受けることになる。**

ただし、宝石をじゃらじゃらとぶら下げるような格好はいけない。ラップスターならいいが、私もあなたもダメだ。私たちが目指すのは「抑えたエレガンス」だ。名門、上質、シンプル。クリーンな印象を与える髪型に、きれいな爪。そういうイメージを目指そう。

ルール25

成功する可能性に賭けて行動する

一夜にしてスターになった俳優を見ると、多くの人は「なんて幸運なんだ」と言う。

……幸運？　ちょっと待ってもらいたい。

彼は、演劇学校に三年通った。昼ドラのちょい役も真面目に演じた。舞台で奴隷のように働いて、エキストラだってやった。クリスマスの劇には、毎年カボチャの役で出演した。そしてついに、大きな仕事が回ってきた。映画の主役で、興行的にも大成功だ。これを世間は「幸運」だと言う。くそくらえだ。

お金持ちになることもこれと似ている。何年も努力した結果、成功したとたんに「運がよかった」と言われる。貯金に励み、節約生活でいろいろなものを犠牲にしたのに、だ。

いずれにせよ、成功するには、勝つことに賭けなければならない。**勝つためには、ゲームに参加しなければならない。賭けない人は、勝つこともないのだ。**

私は、ギャンブルをすすめているわけではない。きちんと勉強し、研究しつくした上で株式に投資するなら、それは安全なギャンブルだ。二〇年間がんばってついに成功をつかんだというのなら、それはもはやギャンブルではない。

「投機（speculate）」という言葉には、以下の四つの意味がある。これはお金持ちになる方法にも通じるものがある。

1　話し合う――お金持ちと話し合い、彼らの考えや行動を観察し、研究し、学ぶ。

2　深く考える――人の言いなりではなく、自分にとって必要なことを考え抜く。

3　投資する――自分のお金と時間と労力と人生を成功に賭ける。

4　確実でないものを信じる――「絶対」はない。しかしルールを守れば、勝つ確率を大幅に上げることはできる。

このルールは「苦労して稼いだお金を使って賭けに出ろ」という意味ではない。私はそんなことはすすめない。

私が言いたいのは、よく考えて計画を立て、懸命に努力すれば、賭けに勝つ確率を上げることができるということだ。成功の大きさは、努力の大きさに比例する。

ルール26

リスクへの態度を決める

どの程度のリスクを取るかを決めるのは、あなた自身だ。それを決めるのは、私の仕事ではない。リスクの取り方については、あなたが自分で決めるしかない。

一発当たれば大金、外れたときの損失も莫大――そんなリスクを取るスリリングな投資には魅力を感じる。しかし、現実の私は慎重派で、大きなリスクは取らない。まだ幼い子どもがいるので、彼らのことを第一に考えなければならないからだ。

リスクへの態度を決めると、計画を立てるのが簡単になる。自分なりの判断基準が見えてくるからだ。ウサギの道を選ぶ人もいれば、カメの道を選ぶ人もいる。どの程度のリスクを取るかは、次の要素を考慮して決めてもらいたい。

・**年齢**：若いほど大きなリスクを取ることができる。
・**家族への責任**：小さな子どもがいるなら、慎重になる必要がある。子どもがいないか、すでに独立しているなら、より大きなリスクを取れる。

・**収入と資産**：資産の何パーセントまでなら、リスクの大きな投資に回せるだろうか。総資産が大きいほど、同じ投資金額でもリスクは小さくなる。

リスクを取るなら、リスクへの対処策も忘れないように。次のような方法がある。

・**すべての卵を一つのかごに入れない**――リスク対策の基本だ。
・**自分のストレス耐性を知っておく**――万が一の場合、どこまで冷静でいられるか。
・**最悪のシナリオを想定する**――最悪な状況から、リスクを取る金額を決める。
・**自分が持っている情報量を評価する**――情報が少なすぎるとリスクが大きくなる。

物事がうまくいかないとき、あなたはどう対処するだろう。積極的に行動し、情熱を失わないだろうか。それとも落ち込んで、くよくよと悩むだろうか。自分を知り、変化や逆境に対する自分の態度を知っておくことは大切だ。

そしてもう一つ大切なのは、リスクは悪いものではないということ。リスクとは、ただ、結果がわからないというだけのことなのだ。

ルール27

リスクを取るなら代替案を吟味する

リスクが大きいほどリターンは大きくなる。そしてリスクが小さいほどリターンは小さい。これはあなたも知っているだろう。

リスクを取るときに、もう一つ考えるべきなのは代替案の吟味だ。

そのリスクを取らなかったら、どうなるだろう？
同じくらい大きなリターンが期待できる方法は、他にないだろうか？
そのリスクを取らないと、お金はまったく増えないだろうか？

例をあげて説明しよう。

高いリターンを期待して、変動の激しいマーケットへの投資を検討しているとする。その投資の代替案として、より安全な住宅金融組合（絶対に安全な投資はないが……）に預けることを吟味するとしよう。それでは、住宅金融組合に預けた場合、利息はどれくらいか？三パーセントかもしれないし、〇・五パーセントかもしれない。そこそこ満足できる利息なら、わざわざリスクの大きい投資をすることはない。しかし利息がほぼゼロなら、それなりのリターンを得るにはリスクを取るしかない。

このように、リスクの高い投資で得られるかもしれないリターンと、リスクの低い投資で得られるリターンを比較して、トータルで損得を考える方法は「リスクプレミアム」と呼ばれている。

この計算は、特に短期の投資のときに役に立つ。長期の投資の場合、最終的なリターンを予測するのが難しいからだ。

二〇〇七年の終わりを思い出してみよう。当時、イギリスでは普通の貯金の利息が六パーセントを超えていた。一方で、株式市場は値下がりしていた。

あの状況なら、株に投資しても意味はないだろう。しかし、貯金の利息が大幅に下がると、今度は株式市場のほうがはるかに魅力的に見えてくる。それは、投資そのものの問題ではなく、リスクプレミアムを計算した結果なのだ。

ルール28

信用できない人とビジネスをしない

ごく単純なルールだ。信用できない人とビジネスをしてはいけない。これ以上、説明はいらないだろう。相手は人間だけでなく、会社、さまざまな組織、政府なども含まれる。

私たちは、何を根拠に信用できないと思うのだろうか。根拠がはっきりわかることもあるが、直感的に「これはヤバい」と感じることも多い。**大切なのは、感覚を研ぎ澄ませることだ。自分の内なる声を聞き逃してはいけない。**

何かがおかしいと感じるなら、やめておいたほうがいい。周囲を注意深く観察しよう。無意識のレベルで引っかかる何かが見つかるはずだ。自分の内なる声を無視すると、いずれ必ず後悔することになる。

かつての私はそんな失敗ばかりだった。

実は先日も、また同じ失敗をくり返すところだった。うさんくさいディーラーから、もう少しで車を買いそうになったのだ。彼は信用できないとわかっていたが、それでもその車が欲しかった。車も無傷ではないとわかっていたのに、だ。

なぜ、人はあえてだまされてしまうのだろうか。あのとき私は、たった一つだけまともな行動を取ることができた。友達に電話をしたのだ。そして彼に説得され、車を買うのはやめにした。いい友達とはありがたいものだ。

このルールは、さまざまなケースに応用できる。「信用できない上司の下で働くな」でもいいし、「信用できない子守に子どもを預けるな」「信用できないファイナンシャル・アドバイザーにお金を任せるな」でもいい。

すべてはあなたの自由だが、本書のルールを実践するなら、はっきり自己主張できる人にならなければならない。正しいと確信できることのために行動しよう。妥協してはいけない。自分の直感に耳を傾け、最高に大胆で、勇敢になろう。

何かが間違っていると感じるなら、それは、おそらく本当に間違っている。直感的に相手が信用できないなら、その人物と取引をしてはいけない。

アヒルのようによたよた歩き、アヒルのように「ガーガー」と鳴くなら、それはおそらくアヒルだ。相手にしてはいけない。財布をしっかり握りしめ、さっさと走って逃げよう。

ルール29
年齢を理由にあきらめない

「二〇代から貯金しておけばよかった。今からでは遅すぎる」などと言う人がいる。人はすぐにあきらめる理由を探すものだ。

しかし、変えたいことがあるなら、いつでも変えることができる。お金についてもそうだ。弱気になったらルール1を読み直してほしい。

必要なことを一つだけあげるなら、それは「お金を増やす」と決意することだ。行動しなければならないのは言うまでもないことだが、意識の方向を変えるだけで、人生の車輪は勝手にそちらに向かって動き出すものだ。

これは怪しいスピリチュアル系の話ではない。ただの事実だ。**まず、あなたに必要なことは、意識を変えること。本当にそれだけだ。**

人生とは、大型船のようなものだ。大型船は止めようとすると時間がかかるが、航路を変えるのは簡単だ。操縦桿をほんの少し動かすだけでいい。ほんの少しの変化でも、数キロ進むうちに、それまでとまったく違う地点を旅することになる。そして、距離が進むほど、元の航路との差はどんどん広がっていく。

人生に「遅すぎる」という概念はそもそも存在しない。いつでも軌道修正はできるのだ。投資を始めるのに、遅すぎることはない。株の投資でも、年金の積み立てでも、人生への投資でも同じことだ。

私の義父は、七五歳になって新しいビジネスを始めた。それも、最新のテクノロジー関連のビジネスだ。普通なら最初からあきらめそうだが、義父はその新しい仕事を楽しんでいる。

それでも、あなた自身がもう遅すぎると思うなら、おそらくそうなのだろう。**簡単にあきらめられると考えていると、実際にあきらめることになる。**

そもそも私もあなたも、本書でお金持ちになることを目指している。あなたはお金持ちになる方法を学び、私は印税を受け取る。あなたが豊かになるために、私は本書を全力で書いているつもりだ。

年齢、性別、人種、能力など、何かが障害になっていると思うなら、おそらくあなたはお金持ちになれない。先入観はすべて捨てて、私を信用してもらいたい。始めるのに遅すぎることはない。さあ、今すぐに始めよう。

ルール30

できるだけ早く貯金の習慣を身につける

貯金と言うと、節約に節約を重ねて、生活を切り詰める必要があると思う人がいるかもしれないが、私はそういう貯金をしたほうがいいと言いたいのではない。**生活の一部として、無理なく、意識しないで貯金する習慣を身につける**ことを提案しているのだ。

フリーランスや自営業の人は、貯金の習慣を身につけることができるものだ。破産を経験した人も、貯金の大切さを身をもって学ぶことができる。

それは、彼らが、払うべきお金は、手を着けずに取っておく必要に迫られるからだ。それができないと、納税や返済の時期に困ったことになる。

これから貯金の習慣を身につける必要があるなら、貯金に回す割合を決めてしまうといい。私は収入の半分と決めている。

私は、収入があったら、とにかく半額を銀行口座に直行させる。その口座から払っていいのは税金だけだ。残りはすべて貯金になる。それがある程度の額になったら、また別の長期用の口座に移している。その口座からは、個人年金の積立金を支払っている。

私にとっては、これが簡単な方法だ。いろいろ考えなくてすむからだ。

子どもたちにも、おこづかいの半分をすぐに貯金するように教えている。子どもたちが、この習慣を身につけて、大学の進学資金の足しにしてくれることを願っている。

正直に言うと、私自身、もっと若いころに貯金を始めなかったことを後悔している。貯金の大切さを誰かに教えてもらいたかった。

実際、お金持ちの多くは、子どものころから自分のお金を管理させられたと言っている。**金銭管理と貯金の習慣は、お金持ちになるために欠かせない**ものなのだ。

育てられ方を間違えても、大人になってから十分に修正できる——私は心からそう信じている。親を責めてもどうにもならない。自分の力で変化を起こさなければならない。

私は自分の人生に責任を持ち、自分で自分自身を教育してきた。ただし残念ながら、整理整頓に関してはうまくいかなかったのだが……。

ルール31

必要なお金はライフステージによって変わることを理解する

人生で大切なことは、ライフステージによって変わるものだ。

いろいろな考え方があるが、私はおおよそ以下のように考えている。

・**二〇歳まで**――教育のステージ。この時期までは、愚かな若者でいることが許される。
・**二〇～三五歳**――独立し、自分の家庭を持つステージ。
・**三五～五五歳**――自分のビジネスを持ち、財を築くステージ。
・**五五歳以降**　――自分の魂と向き合う内省のステージ。

必要なお金もライフステージによって変わってくる。子育て中はお金がたくさん必要だ。子どもが小さいうちは、まだなんとか切り抜けられるが、子どもが大学に入るとお金の問題は大きくなる。学費に加えて、子どもが毎晩飲んで騒ぐためのお金を負担してやるのは大変だ。

子どもが独立して、自分自身も内省のステージに入ると、もうそれほどお金はかからない。ただし、老後にレジャーや旅行を楽しみたいのなら話は別だ。


このルールで大切なのは、自分の現在地と必要なお金を知ることだ。そして、**状況はいずれ変わり、必要なお金も変わることを知り、変化に備えなければならない。**

将来の計画があると安心できる。

例えば、余分な資金をすべて長期の投資に回してしまうと、産休に入ったり、仕事を休んで世界旅行をしたいと思ったりしたときに、すぐに使える現金がなくて困ることになる。

状況の変化を考慮に入れ、余裕を持った計画を立てるようにしよう。


ここで簡単なエクササイズだ。次の質問に答えてもらいたい。

あなたの今のライフステージは？　現時点で必要なお金は？

次のステージは？　そこではいくら必要になる？

ルール32

がむしゃらに働く

私は、大勢の本物のお金持ちを観察してきたので断言できる。彼らはみながむしゃらに働いて今の地位を築いた。朝早くから夜遅くまで働き、昼休みはさっさと切り上げて、とにかく時間をむだにしない。彼らは、夜にだらだらとテレビを見たりしない。

もし本気でお金持ちになりたいのなら、彼らと同じことをしなければならない。**がむしゃらに働く必要をなくすには、がむしゃらに働くことから始めなければならない。**

正しい行動に時間と労力を注げば、必ず成功できる。最初は失敗するかもしれないが、正しい努力を続ければ、必ず目的地に到達できる。

なぜそう断言できるのかと言えば、私自身が経験したからだ。昔の私は貧乏だった。そして懸命に努力した。むだな努力にならないようにルールを作り、賢く努力した。

表面的に見れば、私は運がよかっただけに見えるかもしれない。しかしそれは、私がそう見せているからだ。『できる人の仕事のしかた』にも書いたが、**努力していることを他**

人に知られてはいけない。クールにふるまい、努力していないように見せるのが大切だ。

私は練習して、その態度を身につけた。みんなが帰宅してから、会社に戻って仕事をしていたこともある。誰にも話さず、むしろ仕事嫌いで、出世にも興味がないと周囲に思わせようとしながら、その裏でガツガツ働いた。あなたもそうしなければならない。

お金持ちだけが知っている二つの秘密がある。一つ目の秘密は、今までの自分と比較にならないレベルで働くことだ。誰も見ていない、上司などいないと思って働く。この仕事に人生がかかっていると思って働く。そして二つ目の秘密は、その仕事を徹底的に楽しむことだ。仕事を楽しめないのなら、一生懸命になる意味などない。

もう一つ大切なことを指摘しておこう。

ただがむしゃらに働けばお金持ちになれるわけではない。例えばオフィスの清掃の仕事をしているなら、がむしゃらに掃除するより、清掃会社を立ち上げたほうがいい。自分で会社を作り、クライアントを見つけ、いい人材を雇い、やる気を出して働いてもらう――そういう方向でがむしゃらに働けば、必ずお金持ちになれる。

どんなに優れたビジネスアイデアがあっても、アイデアを実行に移さなければお金にはならない。おいしい思いをする前に、まず努力しなければならないということだ。

ルール33

取引の技術を学ぶ

取引ができれば、自分の手持ちのものを使って、お金を稼いだり、欲しいものを手に入れることができる。**取引のスキルは、人生でもっとも役立つスキル**の一つだろう。

その最高の実例を紹介しよう。カナダのカイル・マクドナルドという人物は、一本の赤いペーパークリップを元手に取引を重ねて、最後に家を手に入れた。かかった期間はたった九カ月だ。その手順を簡単にまとめると次のようになる。

「赤いペーパークリップ」→「魚の形の緑色のペン」→「笑顔の形のドアノブ」→
「携帯バーベキューコンロ」→「携帯発電機」→
「ビール一樽とバドワイザーのネオンサイン」→「スノーモービル」→
「ブリティッシュコロンビア州への旅行」→「トラック」→
「スタジオレコーディングの権利」→「アリゾナ州フェニックスの家を一年借りる権利」

たった一回の小さな取引だが、最終的にはなかなかの成果だ。カイル自身は、自分名義の家が手に入るまで続けると言っている。彼から学べる教訓をまとめてみよう。

- **「取引の元手がない」は言い訳にならない。誰でも何か持っている。**
- **チャンスに対して、オープンマインドでいる。**
- **臨機応変に、そして、勤勉に働く。**
- **目標をはっきり決める。**
- **ウェブサイトを上手に利用し、取引の窓口を作る。**

あなたの持ち物の中で、他の人が欲しがりそうなものは何だろう。柔軟に考えてみよう。カイルの場合はペーパークリップだったが、別に形のあるものでなくてもかまわない。スキルや知識も、十分に取引材料になる。時間や労力でもいい。誰がそれを欲しがるだろう。そして、その見返りに何を要求できるだろう。

取引に参加したすべての人が利益を得られるのが最高の取引だ。私自身も、自分のビジネスでは「双方にとって利益があるパートナーシップ」を目標にしている。

ルール34

交渉術を身につける

取引をするには、交渉術を身につけなければならない。**交渉術の基本は、相手に損をしたと感じさせないこと**だと私は思う。

私は交渉相手とパートナーシップを結ぶのが好きだ。それは、両者にとってメリットのあるウィンウィンの状況を生むことができるからだ。

私は、自分の成功のために、相手に失敗してもらいたくはない。どちらかが負ける必要なんてない。誰かと交渉したら、その交渉で相手にも得をしてもらいたいと思っている。商売なら、売り逃げはしたくない。相手にはお得意さんになってもらいたいし、いい評判も欲しいと思っている。だからパートナーシップが好きなのだ。

交渉術は、さまざまな状況で役に立ってくれる。上司との昇級の交渉もあれば、夫婦間での交渉もあるし、子どもとおこづかいの額で交渉することもある。

交渉にはルールがたくさんある。ここではもっとも大切なものを紹介しよう。

・交渉前に、譲れないラインを決める。

・欲しいものをはっきりさせる――目指すものがないなら、交渉する意味はない。

・つねにウィンウィンを目指す。

・柔軟に対応する――何かを手に入れるには、何かをあきらめなければならない。

・事前にできるだけ情報を集める――交渉において「知識は力」だ。

・正当なギリギリのラインまで要求する――要求を後から上げるのは不可能だ。

以上が、交渉術の大切なポイントだ。あなたが交渉術を学んだことがないなら、本や講座で学んだり、交渉術に長けた友人から教わることをおすすめする。

現実には、交渉にあたって、きちんと準備する人は本当に少ない。私から見れば、実に恐ろしいことだ。

すべての交渉において「自分が欲しいもの」「相手が欲しいもの」「相手が自分に期待すること」「最終的な目標」を明確にする必要がある。すべてをオープンにして、きちんと話し合わなければならない。希望的観測に頼るのは間違いだ。

ルール35

禁欲的な節約をしない

徹底的な節約だけでは、お金持ちにはなれない。

毎朝のカプチーノをやめれば、お金の節約にはなるし、多少のダイエットにもなるかもしれない。でもそれではみじめな気分になるだけで、お金持ちにはなれない。

なぜ、世の中では節約がもてはやされているのだろうか？

元々、節約を流行らせたのは、厳格なピューリタンたちのようだ。彼らの価値観では、楽しいことはすべて悪である。

彼らのように、禁欲的な節約生活に無上の喜びを覚える人もいるが、あなたがそうでないなら、**日常の小さな喜びをがまんする必要はない。むしろがまんしないほうがお金持ちに近づける**だろう。

……あれ？　たしかルール22では、お金の〝水漏れ〟を見逃すなと言っていなかっただろうか？

たしかに言った。しかし、それとこれとは意味が違う。不注意で、お金をどぶに捨てるようなことするのは絶対にやめるべきだが、節約のあまり日々のちょっとした楽しみを否定するのは間違っている。やりすぎは禁物だ。欲しいもののためにまとまったお金が必要なら、ぜひ貯金に励むべきだ。しかし、毎日を豊かにしてくれる楽しみをあきらめてはいけない。

がまんして節約すればいずれお金持ちになれるという考えは間違っている。むしろ、いつも「お金がない」と思っている状態から抜け出せなくなるだけだ。こうした貧乏人の思考回路を脱却することが、豊かさへのカギになる。

お金持ちはケチケチしていないものだ。彼らは、むだな浪費には徹底的に目を光らせているが、一杯のコーヒーをがまんしたり、安いジャムを買ったりはしない。

節約はダイエットと同じだ。ほんの小さな喜びまでも否定していたら、結局は失敗することになる。

たまの贅沢は成功へのエネルギーだ。こんないいアドバイスをしてくれるのは、私ぐらいしかいないのではないだろうか。

ルール36

大金は給料ではなく取引で手に入る

「雇われの身ではお金持ちにはなれない」――私はそう言いたいわけではない。実際、給料をもらう身でお金持ちになることも可能だ（その話は次のルール37でする）。

ルール2で、「お金持ち」の定義を決めたが、多くの人にとって、ビル・ゲイツのような桁外れのお金持ちが目標ではないだろう。

ローンの残っていないマイホームと、年に二回の海外旅行、老後や緊急事態のための貯蓄がある状態が、あなたにとってのお金持ちかもしれない。それなら、会社勤めやフリーランスの仕事でも、十分に目標を達成できるはずだ。

特に、専門職と呼ばれるような医師、弁護士、トップクラスのファイナンシャル・アドバイザーは、人のために自分の労働時間を提供することで十分に稼ぐことができる。庶民から見れば、彼らは夢のように贅沢な暮らしをしている。

しかし、彼らが、本物の桁外れの大金持ちとは言えないレベルであることもまた事実だ。

親から莫大な資産を受け継いだとか、本業以外のビジネスで成功しているなら話は別だが、専門職では〝本物の大金持ち〟にはなれない。

大金持ちを目指すなら、他人に雇われて受け取る給料ではなく、自分自身で取引する必要がある。

世界の長者番付に、ルール33は、そのためのルールだ。億単位で稼ぐには、取引をするしかない。会社勤めをしている人は一人もいない。フリーランスだっていないだろう。彼らはみな、自分で何かを売っている。

といっても「**お金持ちになるなら、会社を辞めなきゃ**」と短絡的に考えないでほしい。**仕事を辞めるのはまだ早い。**今のところは、大きな財産を築きたいなら会社勤めでは無理だということを知るだけで十分だ。最初は副業で自分のビジネスを立ち上げてみて、軌道に乗ってきたら仕事を辞めるという方法もある。

いずれにせよ、誰かが考えたビジネスで給料をもらっているなら、あなたのビジネスプランを作る必要がある。どんなビジネスで稼ぐにせよ〝本物のお金持ち〟になるには、自分で取引をしなければならないのだ。

ルール37

会社を辞めずにお金を増やす方法を考える

長者番付に入るような〝本物のお金持ち〟は、たいてい自分のビジネスを持っている。給料で稼げる額には限りがあるので、会社勤めでお金持ちになるのが難しいのは確かだ。しかし、会社勤めをしながら大金持ちになった人は現実には存在する。

そもそも、お金持ちになるために、みんながみんな独立する必要はない。会社勤めの働き方が好きで、向いている人も多いだろう。無理をして、自分のビジネスを始める必要はない。

会社勤めでも、十分に豊かな暮らしをしている人はたくさんいる。

保険会社で働く私の友人は、給料以外のコミッションでかなり稼いでいるという。起業しても、今よりは稼げないと本人は言っている。

コンピューター業界で働く人の多くは、もっと稼ぐために独立する道を選ぶ。たしかにそれで収入が増える人はいるが、安定した収入を失うリスクも忘れてはいけない。仕事が取れなければ、収入は会社勤めのころよりも下がるだろう。

この問題については、柔軟に対応するのがいちばんだ。**独立に向いていない人が、無理に独立しても不幸になるだけだ。**安定した雇用が大切なら、独立にこだわる必要はない。

実際、起業のほぼ三分の二は、三年以内に失敗すると言われる。私の周りにも、資金繰りに困っている小さなビジネスのオーナーはたくさんいる。

すべての起業が成功するわけではなく、確実なことは何もない。独立することのプラスとマイナスを、本書で詳細に分析することはできないが、ただ一つだけ言えるのは、**人のためにがむしゃらに働くよりも、自分のためにがむしゃらに働くほうが、簡単でずっと楽しい**ということだ。

いずれにせよ、今私たちが目指すのは、お金持ちになることだ。だから「より確実にお金持ちになれるのはどちらか？」という観点から、柔軟に考えよう。

会社勤めか、独立か……。判断基準は、より早く、より簡単に、より確実に稼げるほうだ。

そもそも、本業を一つに絞る必要はない。ここでの秘訣は、あらゆる可能性に対してオープンでいることだ。会社勤めを続けながら、ネットオークションで稼ぐこともできるし、家賃収入で稼ぐこともできる。

ルール38

先延ばしで時間をむだにしない

沖に出たときに海が荒れてきたら、身の安全を確保するために、港に避難する必要がある。そのときの判断基準はただ一つ「安全」だ。

「港にシャワー室はあるか?」「美味しいレストランはあるか?」「係留料が安いのはどこか?」といったことを気にしてぐずぐずしている余裕はない。とにかく嵐を抜け出し、係留場所が空いているうちに港に入らなければならない。

お金を稼ぐこともこれと似ている。いろいろな選択肢の間で迷って時間をむだにするのではなく、**そこにある選択肢から一つを選んで、迅速に行動すべきときがある**ということだ。

これは別に難しいことではないが、実際は何もしない人があまりにも多い。

「投資はお金が貯まってから考えよう。勉強していないから、どう買えばいいのか、よくわからないし……」

こう考える人は、その後もたいてい何もしない。お金は普通口座の中でただ眠ったまま。

お金は増えないけれど、減ることもないと思っているかもしれないが、インフレなら、実質的には目減りしている。

日本の武士は「迷わない、疑わない、驚かない、恐れない」というシンプルな武士道の教えを守っていた。これは武士だけでなく、人生のあらゆる場面で使える教えだ。

戦いに挑む武士は、相手を見ながら静かに円を描く。そして、いきなり激しく襲いかかり、一瞬にして戦いは終わる。一瞬の動きだ。あなたが自分のお金を動かすときも、武士のような研ぎ澄まされた一撃が要求される。

たとえそれが「今は動かない」という決断でも、**何かをするのは、何もしないよりはずっといい。**早く動くことは、可能性にかけて待つよりいい結果につながることが多い。

例えば、趣味のアンティークの売買をするとしよう。一〇ポンドで買ったお皿を三〇ポンドで売ろうと思っているとき、一時間で「二〇ポンドで買いたい」という人がいたら、すぐに売るべきだ。その二〇ポンドでお皿を二枚買い、同じように売ればもっと稼げる。

私はなにも、何も考えずにただ動けと言っているのではない。むしろそれとは正反対だ。武士のように、つねに準備を忘れず、全身全霊で賢い決断を下すこと。プラスとマイナスを素早く計算し、後は行動あるのみだ。

ルール39

お金のためではないように働く

たいていの人は、お金が欲しいから働いている。お金が欲しくなさそうに働いている人がいたら、考えられる理由は二つだ。

A　お金のために働いているのではないふりをしている。
B　本当に、お金をもらわなくても働きたいと思っている。

Bは、自分の仕事が好きだから、たとえお金がもらえなくてもやりたいと思っているタイプだ。ある種、理想的な働き方である。誰もがBを目指すべきだ。

今の仕事が好きとは言えない人も、とりあえずはAになって、お金のために働いているのではないと見られなくてはならない。そうすべき理由は**「お金が必要だ」という態度でいると、お金を出す相手に上に立たれてしまい、あなたの立場は弱くなる**からだ。お金が必要ないと思われれば、むしろあなたのほうが優位に立つことができる。

もう何年も前になるが、私にも大嫌いな仕事をしていた時期がある。そして、それほど好きではない仕事で起業して、これも失敗した。その間も書くことはずっと続けていた。お金がもらえるかも、出版されるかどうかも関係ない。ただ好きだから書いていた。

書くことは、すでに私の一部となっていたから、誰の力も及ばないし、盗まれることもない。それがどれほどうれしく、豊かな気持ちにしてくれるか、あなたにはわかるだろうか。

あなたにとって「お金がもらえなくてもやりたいこと」は何だろうか。 何をするにせよ、成功するには情熱が必要だ。いやいややるようでは、お金持ちになることはできない。「これだ」という確信が必要だ。

自分の力でお金持ちになる人は、目指す場所がわかっている。情熱があり、やる気があり、野心があり、決意がある。彼らが働くのは、それが自分のやりたいことだからだ。

もし、今のあなたに、そこまでの情熱や決意がなかったとしても、まねることはできる。彼らのようにふるまえば、彼らのようになれるのだ。お金なんて興味がないように働こう。そして、好きなことだけをする人生を実現させよう。

ルール40

収入より支出を少なくする

これはシンプルで、絶対に間違いのないルールだ。それなのにこの基本を守らない人があまりにも多い。私はいつも驚いている。

稼いだ額の範囲内で生活することは人生の鉄則だ。支出をコントロールし、稼いだ額の範囲に収め、貯金にも回す。貯金があれば、それを元手にさらに収入を増やすこともできる。

ルール35では「節約ではお金持ちにはなれない」と言ったが、矛盾はしていない。収入がいくらだとしても、その範囲で、楽しく暮らすことは可能だ。毎週シャンパンを飲むのが無理なら、月に一度にすればいい。

このルールで大切なのは情報だ。まずは、今の収入と支出の正確な額を把握しよう。知らなければならないことは他にもある。

・今後決まっている支出は何か？
・不測の事態への備えは十分か？
・利子や配当などの形で入ってくるお金はあるか？

実は、これだけ知っていればほぼ十分だ。人がお金で失敗する最大の原因は、収入が足りないことでも、支出が多すぎることでもない。どちらも簡単に修正できる。いちばん大きな問題は情報がないことだ。現状を知らず、将来の見通しも持たないのが失敗の原因だ。

私にもよくわかる。収入の範囲内で暮らすのは楽ではない。しかし、借金ばかりしていると、大切なお金は、みんな銀行に吸い上げられてしまう。銀行の連中は、週に一回以上シャンパンを開けて、あなたのお金を楽しく浪費するに違いない。

自分の収入を正確に把握すること。**この一週間でいくら稼ぎ、この一時間でいくら稼ぐか、きちんと知っていなければならない。**同じように支出もきちんと管理すること。

これは、いったい自分が生きるのにいくらかかるのか、それをきちんと把握することだ。浪費を知り、使っていない分野を知り、賢く使っている分野を知る。

出ていく額より入ってくる額のほうが多いかぎり、基本的には大丈夫だ。出ていく額のほうが多いのなら、状況を正すために速やかな行動が必要だ。

ルール41

お金を借りてはいけない

とてつもなく大切なことだから、もう一度言おう。お金を借りてはいけない。

例外があるなら、①無利息の場合、②担保がいらない場合、そして、③友情が犠牲にならない場合だけだ。しかし、こんなことはあり得ない。昔から「ただメシはない」と言われているが「ただで手に入るお金」などないということだ。

お金を貸す人が期待するのは全額返金ではない。必ず貸したお金以上の見返りを期待する。この「それ以上の見返り」が命取りになり〝お金持ちへの道〟が閉ざされる可能性がある。だから借金は、つぼみのうちに摘み取らなくてはいけない。もしもう花が咲いていているのなら、大胆な剪定が必要になる。とにかく借金をなくすことが、最優先だ。

「それ以上の見返り」というのは、たいていの場合がお金だ。ローンの利息がそれにあたる。私たちの多くがこれに苦しめられている。

見返りがお金ではない場合もある。友達や身内から借金をすると、人間関係が壊れるのはそのためだ。お金を借りるのは、簡単なことではないのだ。

たしかに事業を始めるために借金をして、その結果成功する人はたくさんいる。しかし、その成功は本当の大成功だろうか。

ここである友人の話をしよう。彼は三人の友人と一緒にビジネスを始めた。一人八万円ずつ出資して、一五年間ビジネスを続け、最終的に、そのビジネスを六五億円で売却した。この間、借金はまったくしなかったから、儲けは四人だけで分け合うことができた。

別の友人は、ビジネスを始めるために多額の借金をした。彼も事業に成功し、最終的に一二億円で売却した。しかし、そのほとんどは借金の返済で消えてしまい、彼の手元にはほとんど残らなかった。彼は再び多額の借金をして別のビジネスを始めた。本人によると、前回の教訓を生かして、今度は五億円しか借りなかったそうだ。……なるほど。

ビジネスを始めるなら、銀行ではなく、家族などの支援者から借りるのがいいという考え方がある。しかし、クリスマスパーティでハグするときに「この人には一〇〇万円貸しているんだわ」と考えてしまわないだろうか。私ならもっと少ない額でも、お金を貸している相手とは簡単にハグできないだろう。

ルール42

借金を一つにまとめる

すでに借金がある人は、返済を最優先にしよう。

返済の金利を下げて、返済総額を減らす方法に「借金（ローン）をまとめる」という方法がある。返済の管理がシンプルになるのも大きなメリットだ。

ここで私が言いたいのは、クレジットカードを複数枚使っていて、さらに銀行ローンやその他の借金もあるような状態はよくないということだ。すべてのローンを一つにまとめ、クレジットカードにはさみを入れよう。私自身も、たくさんのカードにはさみを入れた。ローンをまとめると決めた人のために、いくつか役に立つヒントを紹介しよう。

・**借金の減額を交渉する**——ある友人は、すべての債権者に手紙を出して、借金を帳消しにしてくれるなら今すぐ半額を払うと申し出た。驚いたことに、全員から承諾の返事が来たそうだ。そこで彼は銀行からお金を借りて、約束のお金を支払った。借金を一つにまとめると同時に、残高も半分にしたのだ。すばらしい。

・**有利な条件のおまとめローンを探す**——自分の取引銀行にこだわることはない。

・**自宅を担保にしない**——これは何があってもだ。返済できなかったら、家を失ってしまう。それほどのリスクを取る価値のある借金などないはずだ。

・**契約条件をよく読む**——小さい文字で書かれた注意事項をよく読むこと。繰り上げ返済で何らかのペナルティーがないかは確認しておこう。

・**一回で終わりにする**——おまとめローンは一つだけにとどめ、一回で終わりにすること。一回の経験から学び、前に進もう。

・**可能なかぎり早く完済する**——借りている期間が長くなるほど、払う利息の額が増える。

・**担保の範囲で借りる**——どうしても借金が必要なら、転売できる資産を担保にする。そして借りる額は転売価格の範囲内にする。

ルール43

スキルをお金にする方法を探す

「笛吹きが演奏する曲は、お金を払った人が決める」――これはイギリスの諺《ことわざ》だ。おおむね、この諺は正しいが、場合によっては、笛吹きが曲を決めることができる。さらには、笛吹き自身が料金を決めることもできる。その条件とは次の通りだ。

・演奏する曲に**需要があること**。
・その曲を演奏する人が**他にいないこと**。
・その曲を演奏するために、**特別なスキルが必要であること**。

特別なスキルを持っている人は、自分で値段を決めることができる。難易度が高いスキルである必要はなく、ただ需要があればいい。つまり、お金を払いたいという人がいればいいだけだ。

ルール8で紹介した、洗車の達人の話を覚えているだろうか。彼は最高級車の洗車のスキルで、かなりの報酬を受け取っている。

これから訓練を重ねて、新たなスキルを身につけるって？　それには時間がかかってしまう。おいおい努力してもいいが、とりあえず今の自分にできることを考えてみよう。

- **あなたにはどんなスキルがある？　あなたの才能は？　長所は？**
- **誰がそのスキルを必要としている？**
- **どうすればそのスキルを有効に活用できる？**
- **必要としている人に、あなたの存在をどう伝える？**

このエクササイズでは、次の答えは禁止だ。

「知らない」「わからない」「特にない」「それほどでもない」「スキル？　この私が？」

どんな人でも、自分にしかできないような何かがある。それに気づいて、後は背中をほんのひと押ししてもらうだけでいいはずだ。

では、私がその役目を引き受けよう。目を覚ませ！　今すぐ行動だ！

ルール44

借金の返済に最優先に取り組む

クレジットカードで買い物するときは、すべて一回払いにしているだろうか。いつも一回払いで、その他の借金やローンがないのなら、このルールは飛ばしていい。先に進もう。分割払いやリボ払いのカードを使っているなら、まずそこから見直そう。「今すぐ手に入れて、後から支払う」という風潮が幅をきかせているが、問題は、**カードローンは借金であり、借金は手かせ足かせになる**ということだ。

まず利息の支払いがむだだ。例えば三〇〇万円借りると、利息だけで数十万円も余分に払うことになる。

具体的な金額は、借金の利率と、借りている期間で決まるが、いずれにせよ、借金とは、首に大きな石をぶら下げているようなものだ。つねに気になって気分が晴れないから、健康を害する原因にもなる。

この原則は絶対だ。借金が片づくまでは、貯金も投資もしてはいけない。定期預金で五パーセントの利息がついていても、借金で利息を一〇パーセント払っていてはまったく意味がない。**借金の利息のほうが、貯金の利息よりも高いというのは普遍的事実だから、借金しながら投資や貯金をしても無意味**なのだ。

低金利の借金を元手にリターンの大きな投資をするという特殊なケースもあるが、それでも私は諸手をあげて賛成はできない。危険な賭けだからだ。リスクのない投資でないのなら（そんな投資はまずない）、まずは借金返済を最優先にしなければならない。

とはいえ、このルールには例外もある。それは、住宅ローンだ。厳密に言えば借金だが、投資でもあるからだ。もう一つの例外は、借りた資金でビジネスに投資する場合。そのビジネスを熟知しているなら借金してもいい。このルールは主に個人の借金を問題にしていると思ってもらえばいい。

たしかに借金をゼロにするのは難しいが、やらなければならない。具体的な計画を立てよう。二カ所以上から借りているなら、まず利息がいちばん高い借金を優先的に返済していく。モチベーションを高く保とう。短期的にはつらいかもしれないが、長期的には返したほうがずっと楽になる。そして、晴れて完済したら、もう二度と借金はしない。

あなたなら大丈夫だ、絶対にできる。なぜならルールの実践者になったのだから。

ルール45

生きるための仕事に没頭しない

生きていくためにはお金がいる。しかし、生活のためにひたすら働いていると、仕事に時間も労力も吸い取られ、もっと稼ぐ方法を考えることができなくなる。

生きるために働き、やっとできた自由な時間は、お金の稼ぎ方を考えるより、楽しんだり、気分転換したりするために使いたい――こういう人はたくさんいる。

実際のところ、こういう人がいるから、お金持ちはお金持ちになることができたのだ。

私は「労働者の搾取」を訴えたいわけではない。ただ、生きるための仕事に時間と労力のすべてを費やしていると、その間に他人がお金持ちになるだけだと言いたいのだ。

あなたは、生きるために働いている？
今の仕事ではお金持ちになれないと思っている？

もし、両方ともイエスなら、今の仕事を心から愛していなければならない。違うだろうか。これは引っかけ質問ではない。人生の優先順位の問題だ。もしお金のためだけに働くなら、とことん稼がなければ意味がない。そうでないなら「お金を払ってでもしたい好きな仕事」をしていなければ理屈に合わないはずだ。

「仕事は好きだがお金にはならない」なら、今の仕事以外でお金を作る戦略を考えよう。仕事に夢中になりすぎて、お金がおろそかになってはいけない。その仕事でもっと稼ぐ方法を考えてもいいし、第二の収入源を持つ方法を考えてもいいだろう。

「給料に満足できない」または「仕事が嫌い」だという人（またはその両方だという人）は、まずその仕事を続ける理由を真剣に考える必要がある。**最悪のシナリオは、仕事に満足できないし給料も少ないのに、仕事に時間と労力を取られて、もっと稼いで幸せになる戦略を考えられない状況**だからだ。

ただ生きるためだけに、下を向いて黙々と働いていると、もっと稼いでお金持ちになるチャンスがあなたの頭上を素通りしていくことになる。そして、あなたはそれに気づかない。

一〇年後、あなたがずっとその状態だったことに気づいたら、どんな気分だろう。もし今のあなたがそうなら、すぐに行動を起こさなければならない。外の世界に目を向け、チャンスをつかもう。

ルール46

「まずは貯金から」という考えを疑う

まずはお金を貯めることに集中し、貯まったお金を投資に回せば、財産を築くことができる——私はずっとそう思っていた。しかし、ある友人によると、私は間違っているという。コツコツとお金を投資に回していくほうが、ずっと効率的で簡単だというのだ。

どちらが正しいかって？　私に決まっている。だってこれは私の本なのだから……。

冗談はさておき、論理的に考えてみよう。

私は、五〇歳までお金については何もせず、五〇歳を目前にまとまったお金を手に入れた。そのうち一〇〇〇万円を年利五パーセントで運用したとしよう。

一方で友人は、毎月一万円というケチな金額の積み立てを二一歳から毎月ずっと続けた。こちらも年利五パーセントの運用としよう。

さて、六五歳で引退するとき、どちらが有利だろう。次ページの表を見てほしい。勝負は、僅差だが私の勝ちだ！　この事実から、あなたは何を学ぶだろうか。

年齢	私の友人	私
21歳	¥126,000	[注1]
22歳	¥258,300	
23歳	¥397,215	
24歳	¥543,076	
25歳	¥696,230	
26歳	¥857,041	
27歳	¥1,025,893	
28歳	¥1,203,188	
29歳	¥1,389,347	
30歳	¥1,584,814	
31歳	¥1,790,055	
32歳	¥2,005,558	
33歳	¥2,231,836	
34歳	¥2,469,428	
35歳	¥2,718,899	
36歳	¥2,980,844	
37歳	¥3,255,886	
38歳	¥3,544,680	
39歳	¥3,847,914	
40歳	¥4,166,310	
41歳	¥4,500,626	
42歳	¥4,851,657	
43歳	¥5,220,240	
44歳	¥5,607,252	
45歳	¥6,013,614	
46歳	¥6,440,295	
47歳	¥6,888,310	
48歳	¥7,358,725	
49歳	¥7,852,662	
50歳	¥8,371,295	¥10,500,000 [注2]
51歳	¥8,915,860	¥11,025,000
52歳	¥9,487,653	¥11,576,250
53歳	¥10,088,035	¥12,155,063
54歳	¥10,718,437	¥12,762,816
55歳	¥11,380,359	¥13,400,956
56歳	¥12,075,377	¥14,071,004
57歳	¥12,805,145	¥14,774,554
58歳	¥13,571,403	¥15,513,282
59歳	¥14,375,973	¥16,288,946
60歳	¥15,220,772	¥17,103,394
61歳	¥16,107,810	¥17,958,563
62歳	¥17,039,201	¥18,856,491
63歳	¥18,017,161	¥19,799,316
64歳	¥19,044,019	¥20,789,282
65歳	¥20,122,220	¥21,828,746

- 私の友人:毎月1万円を積み立て、年利5%で運用。
- 私：50歳で手に入れた1,000万円を、年利5%で運用。

[注1]：正確には、1年目の終わりには、12万円に利率5パーセントをかけた金額は貯まらない。しかし計算を簡単にするために便宜上126,000円とした。大勢に影響はない。

[注2]：1月に運用開始し、年末に利率5パーセントがついたと仮定している。

ルール47

住宅は借金してでも買っていい

家はすべての人にとって必要だ。「（親などから）もらう」以外の選択肢は「借りる」か「買う」のどちらかとなるだろう。

「買う」場合、たいていの人は、かなりの大金を住宅ローンという形で借りる必要がある。ここまで私は、借金だけは何があってもしてはいけないと言ってきた。利息に大金を払うなんて、まったくのむだづかいだからだ。とするなら、私がおすすめするのは「借りる」ということになるはずだが、私は家については「住宅ローンを抱えてでも買う」という選択肢をすすめている。

その理由は「住宅ローンは借金ではなくて資産」と考えられるからだ。住宅ローンの支払いは、毎月の投資と考えることができる。長い目で見れば、不動産の値上がりのほうが、住宅ローンの利息より大きくなる可能性が高いと私は見ている。

つまり、**長期的に不動産の価値が上がると想定して、住宅の頭金とローンの支払いを投**

資するという戦略を私はおすすめしているということだ。

一方で、家を借りるのは投資にはならない。家賃として払ったお金が戻ってこないのは何があっても確実だ。しかし、ローンを組んで購入した場合、物件の価値が上がる可能性があるから、そのタイミングで売れば儲けが出る。

ただし、注意しておくべきは、**不動産購入は長期投資**だということだ。短期では利益が出ない可能性が高い。また、不動産価格が暴落する可能性もある。その場合、資産を現金化するのにも苦労するはずだ。専門家の中には、不動産は全資産の半分までに収めるべきだという人もいる。難しい目標だが、一つの基準としては悪くないだろう。

理想的には、できるだけ安く買って、できるだけ高く売りたい。そこで出た利益で、次の行動を選ぶことができる。売却益で次の不動産を買えば、住宅ローンは前より少なくなる。それを続ければ、いずれローンを組まずにキャッシュで家が買える。これで、もう借金の心配なく住めるところが手に入ることになる。

または、前よりも大きくて高価な家を買うという選択もある。これでは現金を増やすことはできないが、豪邸は手に入る。豪邸に住むためにお金持ちを目指している人なら、これで目標達成だ。

ルール48

投資から二つの成果を得る

投資には、①収入を増やす、②資産価値を上げる——この二つの目的がある。

つまり、あなたの大切なお金（これは資本となる）を投資するなら、**①定期的な収入が得られる、②資産の価値が上昇する——この二つの成果を得られるような投資が望ましい。**

例えば、賃貸の不動産物件に投資するとしよう。①物件を貸して、定期的に家賃収入を得る、②物件の価格が年月とともに上昇する——この二つの成果が得られることが理想だ。

株式も同様だ。①配当という定期的な収入があり、②株自体も値上がりする可能性がある。

投資できるのは不動産や株式ばかりではない。次のようなものにも投資できる。

- 古いボートを安く買って、修理して高く売る。
- 高級ワイン、絵画、南アフリカ発行の金貨、クラシックカー、希少本。
- 年金基金などの貯蓄。

・発明や新製品開発。
・アイデアや人。
・イベントや興業。映画やテレビ番組の制作。

少し毛色が違うかもしれないが、次のようなものも立派な投資だ。

・カーレースやサッカーチームのスポンサーになる。
・エンジェル投資家になる（利他的な精神で人やアイデアに投資すること。儲けばかり考える人はベンチャーキャピタルと呼ばれる）。

ここで忘れてはならないのは、**どんな投資も結局はすべてギャンブル**だということだ。ギャンブルなのだから負けることもある。私の言葉が信じられない人も、この前の金融危機を思い出せば納得するだろう。だから、投資では分散が重要なのだ。

ルール49

収入から定額を投資に回す

それなりに稼げるようになると「がんばった自分にご褒美が必要だ」「自分で稼いだのだから、好きに使っていいはずだ」などと思ってしまいがちだ。

たしかに、あなたの好きに使っていいお金なのだが、ここががまんのしどころだ。これについては私にも苦い経験がある。きっと誰もが同じだろう。

以前、税金の還付金でかなりのお金が戻ってきたことがある。それを、私は海外旅行に出かけて使ってしまった。お金持ちと、それほどでもない人の違いはまさにここにある。

本物のお金持ちは、予想外の収入を手にすると、それを元手にさらにお金を増やそうとする。それほどでもない人は、ここぞとばかりに浪費するから、ずっとそのままだ。

目先の快楽だけを追いかける人生でいいなら、浪費するのもいいだろう。しかし、人生に堅実な見通しを持ちたいのなら、お金は賢く使わなければならない。はっきり言うなら、手にしたお金の賢い使い方は、お金持ちになるための資金にすること以外にない。

お金を使わずに、しかるべき場所に置いて「お金を働かせる」ようにすれば、しだいに元手は大きく育ち、さらにお金を生むようになる。贅沢な旅行に出かけるのはそれからだ。それまでは手持ちのお金を減らさず、元手を賢く育てなければならない。

大道芸人も、あらかじめ帽子の中に少し自分のお金を入れておく。空っぽの帽子にお金を入れてくれる人はいないからだ。この最初のお金は「ローダー」と呼ばれる。あなたも自分のお金はローダーだと考えよう。

「そもそも、そんなお金が入るあてなんてないよ」という声が聞こえてくるようだ。しかし、それは間違っている。あなたが会社員なら、給料という形でお金をもらっているではないか。

給料をどう使うかはあなた次第だが、**今より上のライフスタイルを目指すのなら、毎月の給料から決まった額を貯金して、投資の元手を作ることだ。**今月から、すぐに始めなくてはならない。

それなりの額を賢く運用すれば、今度はお金がお金を生んでくれる。理想の形は、何らかの資産に投資して、その資産が収入をもたらしてくれることだ。資産は株でもいいし、賃貸物件でもいいし、何か別のものでもいい。手元の余剰資金を賢く投資すれば、お金はゆっくりと確実に増えていく。

ルール50

長期的に不動産が株を上回ることはない

元手が貯まったとする。あなたは何に投資するだろう。もっとも一般的な投資先は、不動産と株ではないだろうか。では、不動産と株のどちらがいいのだろうか。

二〇〇〇年のＩＴバブル崩壊で株価が急落したとき、多くの人が、株式から不動産へと投資先を切り替えた。株に投資していた人は、バブル崩壊で大きな損失を出したからだ。

そして大量の資金が不動産に流れた。賃貸物件への投資も過熱し、物件価格はどんどん上がった。建設ラッシュで物件が増えすぎて、借り手がつかず、投資家が期待したほどの利益が出ない地域もあったほどだ。

とはいえ、早くからこの不動産ブームに乗っかり、正しい地域に投資した人はかなり儲けることができた。一方でＩＴバブル崩壊以降、株価も回復し、値下がりしても売らずに持っていた人たちはかなりの利益を上げることができた。

株と不動産をどうすれば正解だったのだろうか。**短期的には変動があるが、長期的に見**

れば、たいていは不動産よりも株に投資したほうが利益は大きくなる。

勘違いしないでもらいたいのだが「株のほうが儲かる」とか「不動産投資はするな」などと言いたいわけではない。ここで**大切なのは分散投資**だ。理想的なポートフォリオ（複数の金融商品の組み合わせ）には、必ずある程度の不動産が含まれている。


不動産投資の大きな利点は、そこに住めるということだ。賃貸物件を買えば、そこから家賃収入を得ることができる（もちろん空き家リスクはある）。

株式投資の場合も、配当という定期的な収入も期待できるが、いちばん大きなリターンは株自体の値上がりだ。単純な話、**不動産と会社を比べれば、会社のほうがはるかに成長力が高い**から、長期的には株式投資のほうがリターンは大きくなるのだ。

しかし、これはあくまで可能性の話だ。株式も不動産も、値下がりすることがある。投資にリスクはつきものだ。

不動産だけに投資するよりも、株式に投資したほうがいいもう一つの理由は、株式は分散投資が簡単にできるからだ。いろいろな株を買うほど、リスクは小さくなる。

ところでイギリス名物ベイクドビーンズは不景気になると売上が伸びる。あなたはご存知だっただろうか。

ルール51

セールスのスキルを身につける

取引の技術と並んで、セールスのスキルも大切だ。この二つは似ているが、必ずしも同じものではない。取引という形でなくても、何かを売ることはあるからだ。あらゆる財産は「売ること」で築かれる。**何をしてお金を稼ぐにせよ、そこには必ずセールスという行為が含まれている。**

何かを売らずにお金を作ることはできない。お金持ちなら誰でも知っている事実だが、気づいていない人は多い。お金を増やせるセールスの例をあげよう。

・自分自身（能力・スキル・発想）を売る。
・他人が作ったものを、別の他人に売る。
・生産コストが安いものを高く売る。
・九九パーセントの家庭で必要なものを広く売る。

・他の誰かに売ってもらう。自分が寝ている間でも何かを売る。
・貯蔵や運搬が簡単なものを遠くの国で売る。

リストはどこまでも続くが、**ありがちな失敗を一つあげるなら、それは、誰も欲しがらないものをセールスすること**だ。ダミアン・ハースト（イギリスの現代美術家）なら、鮫《さめ》のホルマリン漬けを高く売ることができるが、あなたは違う。

セールスとは、口がうまいセールスマンだけの仕事ではない。

アレックス・テューという若者を紹介しよう。彼は二〇〇五年に大学に入学し、一〇〇万ドル貯めるという目標を立てた。彼が考えたのは、一個一ドルのものを一〇〇万個売るという方法だ。

彼は、ウェブページには一〇〇万個のピクセルがあることに気がついた。そして、一ピクセルを一ドルで広告主に売るビジネスを始めて、大学一年生のうちに目標を達成してしまった。結果は彼のウェブサイト（milliondollarhomepage.com）で見ることができる。

ちなみに私も四〇〇ドル払って広告を出した。彼のような発想力の豊かな若者には、お金という形で賞賛の意を表さなければならないと考えたからだ。

ルール52

他人の目から見たイメージをコントロールする

お金持ちになるには、必ず何かを売らなければならない。

だから「この人から買いたい」と思われる人になることは重要だ。他人に与える印象を、真剣に分析する必要がある。**他人から見た自分を知り、自分のビジネスに合わせてイメージを変えなくてはならない。**

穴開きジーンズにサンダル、フード付きのパーカーで、ガムをくちゃくちゃかんでいる若者と、年金の契約をしようと思うだろうか。三つ揃えのスーツで、頭はバーコードのおじさんから、サーフィンを習いたいだろうか。でも、この二人の職業を入れ替えたら？

もちろん、大切なのは外見だけではない。人柄、マナーと態度。時間に正確か？　誠実か？　コミュニケーションスキルは？　会議は朝食時間か？　それともパブで一杯やりながらか？　事務処理は効率的か？　押し出しが強いか？　それとも存在感がないか？　折り返しの電話の早さは？　営業スタイルはガツガツか？　さりげなくか？　傲慢か？　控えめか？　人を笑わせることができるか？　……などなどたくさんある。

他人から見たあなたは、あなたという「ブランド」だ。だから、あなたは自分のブランドイメージを完璧にコントロールする必要がある。ありのままに任せてはいけない。

信頼できる友人に、自分の印象を尋ねてみよう。同僚や仕事仲間からもフィードバックをもらう。完全に正直な答えが返ってくるとはかぎらないので行間を読む必要がある。

本心は必ず表に出てしまうから、あなたはすべての行動で誠実にならなければいけない。これは難しいことではない。まったく違う人間を演じるのではなく、**他の人が見たいと思うような、本当の自分の部分をちらりと見せる**のだ。

ある友人夫婦は、私の知り合いの中でもいちばんおもしろい二人だ。彼らとすごす夜はいつも笑いの連続だ。ちょっぴり辛口のユーモアで、いつも私を大笑いさせてくれる。

彼らの仕事は、なんと葬儀屋だ。だから仕事中は、彼らはユーモアを封印している。

仕事中の彼らはユーモア以外の長所（思いやり、思慮深さ、同情心）を存分に発揮している。これもまた、本当の彼らの姿だ。人にはさまざまな側面があるということも忘れてはいけない。

ルール53

社会の現実を受け入れる

『ダ・ヴィンチ・コード』の著者のダン・ブラウンは『レンヌ＝ル＝シャトーの謎』というノンフィクションの著者グループから盗作で訴えられた。裁判の結果は、訴えたほうの負け。完敗だった。彼らは、訴訟費用も含めておよそ三億円を支払うことになった。

おそらく彼らは、自分たちの主張が正しいと本気で信じていたのだろう。勝ち目はないとアドバイスする人はいなかったのだろうか。ぜひ知りたいところだ。

あなたが絶対に勝てない人はたくさんいる。 注意しなければならない。たとえば次のような相手だ。

- 賭けの胴元（カジノのオーナー、ポーカーの達人……）
- 税務署
- スピード違反の取り締まりカメラ

・政府
・母親と子ども
・死

賭けの胴元や法廷弁護士、会計士といった人種を相手にするときは、用心しなければならない。彼らはあなたの知らない秘密を知っている。だからその気になれば、あなたの無知につけ込んで大金を稼ぐことができるのだ。

社会の仕組みがおかしいと不満を言っても仕方がない。**現実としてあることは受け入れ、その中で生きるしかない**のだ。貧しい人を搾取している、何も知らない人を食い物にしているなどと他人を責めてもどうにもならない。

問題は、その貧しい人、何も知らない大衆が、無防備に財布を開けっ放しにして「さあ、持っていってください」とばかりに歩いていることだ。そしていざお金がなくなると文句を言うのだ。

人生は不公平だ。世間には鮫がうようよいる。文句を言ってもどうにもならない。

ルール54

株式投資の練習をする

これ以降は株式投資についてのルールがいくつか続く。先にお断りしておきたいのだが、株についてのルールはあなたには必要ないかもしれない。

株式投資をしていいのは、本当に株のことを知っている人だけだ。だからこのルールを読んで、あなたがこの先の株式投資関連のルールを読むべきかどうかを判断してほしい。

株式投資の初心者は、いったいどうやって始めればいいのだろうか。子育てやスカイダイビングと同じで、経験しながら学ぶしかないのでは？

……答えは、イエスであり、ノーでもある。株のエキスパートも、生まれたときから詳しかったわけではない。ただし、株の問題は、素人が大きなリスクを取りすぎて、財産を失ってしまったら取り返しがつかないということだ。

だから、株を買う前に、きちんと勉強しておいたほうがいい。新聞の経済欄を読む、自分より詳しい人に話を聞く、テレビの投資番組を見る、専門の本を読む……このように、**実際に株を買わなくてもできる勉強はたくさんある。**

一般的な勉強法以外に、貴重な知識が身につく方法がある。それは一種の予行練習を行うという方法だ。

1　投資する銘柄と購入金額を決める。
2　仮に購入したことにして、銘柄別の株数と金額を記録する。
3　定期的に値動きをチェックして、架空の投資の運用成績を記録する。
4　自分のタイミングで架空の売却を行う。

こうした架空の株式売買のすべてを記録しておこう。この練習を何度も、何カ月も、何年も続けよう。そして、自分の成功率を計算し、損失を計算する。

こうして**練習を重ね、成功率から判断して「自分は投資を知っている」と自負できるようになったら、ようやく本物の株式投資を始めていい。**

最初は少額の取引にしたほうがいい。本物のお金は次元が違う。本物の投資を始めてからも記録は続けよう。自分を見失って、判断を誤らないように注意してもらいたい。

ルール55

短期間でお金を増やそうと思わない

株式投資でお金を増やすにはどうすればよいのだろうか。
もっともシンプルな答えは「安く買って高く売る」だが、話はそう単純ではない。そこで私は、大切な原則をいくつかのルールとして提案することにした。

経済学者のケインズは「株式市場は美人コンテストと同じだ」という有名な言葉を残した。一昔前によく行われた新聞社主催の美人コンテストは、読者がいちばん美人だと思う人を選んで投票し、一等になった女性に投票した人には賞品が出るという仕組みになっていた。この勝負で勝つには「自分がいちばん美人だと思う女性」を選ぶのではなく「〝いちばん多くの人から選ばれそうだ〟といちばん多くの人が思いそうな人」を選ばなければならない。

ケインズは、株式市場もこれと同じ仕組みで動くと考えていた。つまり、投資家は「他の投資家がこの先買うであろう株を買う」と考えたのである。そうなると株の値段は、会社の企業価値ではなく、投資家の期待によって決まる。これが「投機」のメカニズムだ。このせいで、株の本当の価値と、実際の値段がかけ離れるという現象が起こる。

投機的な考え方は、お金持ちになるには不向きだ。危険が大きく、よくわからずに手を出すと大変なことになる。

それでもまだ株で資産を増やしたいなら、私からアドバイスがある。**本当に価値ある会社の株を買って、ゆっくりと確実に資産を増やしていこう。**「このニュースが出たから」とか、「昨日はこう動いたから、明日はこうだ」などという雑音は無視すること。そして、何より一夜にして大儲けしようという考えは、捨ててもらいたい。

株を選ぶなら、価値で選ぼう。狙うべきは「業績の割に株価が安い会社」「将来的に需要が増える製品やサービスを売る会社」だ。

そして見つけたら、その会社の株を買い、よほど大きな変化がないかぎりはその株をずっと持っていること。株はやがて値上がりし、あなたの資産も増えるだろう。

正しい株を、正しい値段で買う。これが秘訣だ。**価値を基準に投資先を選ぼう。**もちろん、口で言うのは簡単だが、実行するのは難しい。調べなければならないことがたくさんある。しかし次のルールを読めば、そのプロセスは簡単になるはずだ。

ルール56

理解できる企業の株式だけを買う

以前にカジノのマネージャーをしていたころ、カジノには厳格なヒエラルキーが存在することを知った。

底辺は、誰でも入れるうるさい場所にスロットマシーンを設置しているようなカジノ。そして、頂点に君臨するのが社交クラブだ。曇りガラスでライトもほの暗く、外から中の様子はうかがい知れない。ギャンブラーたちは頂点のほうが「クリーン」だと思っている。株式市場も「カジノの頂点」社交クラブと同じく、洗練されていて危険は少ないと思われている。しかし、株式投資も一種のギャンブルだ。そこに確実なことなど一つもない。

とにかく、**何かを売り買いすることで儲けを出そうと思うなら、自分のよく知っているものだけを扱うことで、リスクをできるかぎり小さくするべきだ。**そうすれば、大きすぎるリスクを取って予想外の大金を失うこともないし、うますぎる話にだまされることもない。

よくマーク＆スペンサー（大手衣料雑貨チェーン）で買い物をしていて、いつもいい新商品を並べていて、店も繁盛していて、いい評判しか聞かないのなら、マーク＆スペンサーの株を買えばいい。株を買ってからも店の観察を続け、お客の声を聞いていれば、そのまま持っているべきかどうか判断できる。

ここで気をつけたいのは、心ではなく頭で買うということだ。

私の友人で、環境に優しい企業にしか投資しない人がいる。彼は自分の立派な行いに大変満足しているようだ。これで天国への切符が手に入ったと信じている。

しかし、彼もギャンブラーだ（ただ自分で気づいていないだけだ）。彼は、頭も使って買っているのだろうか？ **何か好きなものに投資するときは、ただ投資したいからするのか、それとも純粋にビジネスとして投資するのか、よく考えなければならない。**

冷静に市場を分析した結果、風力発電には将来性があり、大きなリターンが期待できると判断したのなら投資すればいい。この場合は、心と頭の両方を満足させる投資ができる。

ある企業のビジネスをよく知らず、勉強する気もないのなら、他のものに投資するほうがいい。株式投資に興味はあるが「勉強はしたくない」「自分で決めるのもいいや」だというのなら、インデックスファンドを使う方法がある（ルール58を参照）。

ルール57

好き嫌いでお金の決断をしない

お金に関する決断とは「どうすればいちばんお金を増やせるか？」が基準だ。お金持ちへの道は、その決断のくり返しで前に進んでいくことになる。

お金の決断は「お金が増えるかどうか」の一点のみを基準としなければならない。それ以外の要素に惑わされてはいけない。心よりも頭が優位に立っていることを確認しよう。

株を選ぶときに、この姿勢を貫くのは比較的簡単だ。しかし、不動産を買うときや、投資目的でクラシックカーやアンティークを買うときは、そうも言っていられなくなる。個人的な好き嫌いがあるものを買うときは、どうしても感情が入り込んでくるからだ。

好きなものを買ってはいけないとは言ってない。ただ、そのときには、お金を増やすためではなく、楽しみのためにお金を使っていると意識しなければいけない。

投資目的で買うのなら、目的は儲けることだから、個人の好みにこだわってはいけない。

古いランドローバー・シリーズワンに惚れ込んでしまったとしても（私のことだ）、売れる状態にするにはかなりの手入れが必要で、しかも売れたとしてもたいした儲けにはならず、そのお金で新しいランドローバー・ディフェンダーが買えるなら、ここはシリーズワンをあきらめてディフェンダーを買うべきだ。

いやはや、好きなものになると、本当に決断は難しくなる。しかし、ここは心を鬼にしなければならない。

投資用の不動産を購入するときも、自分が住みたい物件という理由で選んではいけない。そこに住むのはあなたではない。ただ儲かるかどうかだけを基準に考えること。コストを差し引いて、いちばん大きな利益になるのはどの物件か——判断基準はそれだけだ。

個人的な買い物なら、好きなものを買えばいい。私は口出しするつもりはない。

ここではただ、お金持ちになる方法を説明しているだけだ。あなたがこの本を買ったのも、私にそれを期待していたからだろう。だからこうやって説明している。

投資で確実に儲ける人は、心ではなく頭で買っている。そんなことを言われても、気持ちの上で納得できないというなら、自分の好きなものを買えばいい。ただ、失敗しても私を責めないでもらいたい。ちゃんと説明したのだから。

ルール58

手数料無料のインデックスファンドを検討する

すでに投資の経験があるなら、手痛い失敗を経験したことがあるのではないだろうか。一度失敗すると「素人には正しい判断は無理だ」「詳しいプロに任せたい」という人が出てくる。プロの手を借りることに問題はないが、プロは賢く使わなければならない。

これからとても大切なことを話すので、注意して聞いてもらいたい。

プロはあなたにこう言うだろう。「資産を増やしましょう。市場平均を上回るリターンも期待できます」。彼らは「市場を上回る」ということを強調するはずだ。そして何やらグラフを持ち出して、これまで自分が市場を上回る実績を上げた証拠を示すだろう。「ただし、去年は例外でした。調整局面でみんな損をしましたから。でも、これからは大丈夫です。お任せください」……うますぎる話だと思うだろうか。そう、その通り。これはただの願望で、しかも論理的に間違っている。

簡単に説明すれば、誰かが平均より上なら、他の誰かは平均より下になる。大きな金融機関のお金がマーケットの大半を占めていることを考えると、彼らは誰に勝ったというのだろうか……。そう、これは**金融業界の不都合な真実**だ。

投資のプロたちは全員が全力でがんばっている。そこに疑いの余地はない。そして、その多くのプロの戦いの中で、勝つ人も出れば、負ける人も出てくる。結局、誰もが買ったり負けたりして、その合計が市場平均として表れるのだ。

長期的に見て市場平均を上回るというのは、毎年勝ち続けるということだが、そんな人はまずいない。結局、**最後に勝つのは市場なのだ。ただのがんばりにお金を出す必要はない。**

考えてみてほしい。絶対に儲かる金融商品があるなら、絶対に儲かるのは誰だろう。あなたか？　それとも金融機関か？　あなたはもう答えがわかっているはずだ。

一流の投資のプロに勝つだけの知識がなく、しかし、プロに負けたくない人に、とっておきの方法がある。それは、**販売手数料が無料のインデックスファンド**を買うことだ。これなら市場と同じ値上がりが期待できる（もちろん市場と同じだけ値下がりすることもある）。

この方法がすばらしいのは、個別の株価の上下に一喜一憂することなく、夜もぐっすり眠れることだ。自分のお金が市場で静かに働いている姿を思い浮かべて、安心していればいい。

ルール59
お金のアドバイスにお金を払う

他人のお金に口出しする人は山ほどいる。しかし、大事なお金を失いたくないのなら、誰の言葉が信用できるかは、早めに見極めなければならない。

お金のアドバイスが必要なときに、頼るべき人は二種類いる。

まずは専門知識を持ったプロだ。自分の評判がかかっているから、彼らは真剣だ。

もう一種類は、本物のお金持ちだ。彼らの話は聞いたほうがいい。ただし、宝くじに当たった人、遺産を相続した人、銀行強盗でお金持ちになった人は除くべきだ。ドラッグ取引で儲けた人も除かなければならないが、彼らのビジネスセンスには見習うところがあるかもしれない。ただし道徳面では絶対に見習わないように。

お金のアドバイスを望めるのは、以上の二種類の人だけだ。それ以外の人、例えば、**友人、家族、善意の知人、テレビ番組、インターネット情報、大手金融機関を頼ってはいけない。**

お金のアドバイスをもらうなら、相手がきちんとした資格を持っていることを確認しなければならない。大金持ちであるということも〝きちんとした資格〟に含まれる。誰かにアドバイスを求めるなら、相手の知識をきちんと確かめるようにしよう。

私の経験から言うと、世の中には二種類のアドバイザーがいる。

A　あなたが失敗するのを阻止してくれる人

B　あなたが失敗してからそれを指摘してくれる人

あなたに必要なのはAの人だ。Bなら掃いて捨てるほどいる。

プロのファイナンシャル・アドバイザーも二種類に分けられる。

A　あなたのお金のことを真剣に考えてくれるアドバイザー

B　あなたに金融商品を売ろうとするアドバイザー

Bには絶対に近づいてはいけない。**金融機関がバックにいるファイナンシャル・アドバイザーは要注意**だ。彼らは、自分がコミッションをもらえる特定の金融商品をすすめるセールスマンなのだ。

ルール60

一度決めた投資戦略をすぐに変えない

一度、戦略を決めたら、迷ってはいけない。ぐずぐず悩んでもどうにもならない。まず、それ以上よくならないし、かえって悪くしてしまう可能性が高い。

それだけではない。**投資でコロコロと戦略を変えると、手数料や違約金で損をしてしまう。**あえて放っておいたほうがいいときもあるのだ。

昔から言われているように「飛び込む前に見ろ」ということだ。十分に周りの状況を確認し、戦略を立てる。そしていざ飛び込んだら、いじくり回さず、後は放っておけばいい。

「見る」とは、リスクを減らしたり、アドバイスを求めたり、プラスとマイナスを考慮したりすることだ。そして「飛び込む」とは、集めた情報を活用して行動を起こすことだ。

そして飛び込むと決めたら、もうゴチャゴチャ言わないこと。

計画を立て、目的を決め、戦略を立て、最終目標が決まったら、後はそれを守ればいいだけだ。

人は簡単に怖くなってパニックを起こすものだ。失業は怖いし、貧乏にもなりたくない。お金で失敗するのも、後れを取るのも、転落するのも、借金地獄にはまるのも怖い。

私にも経験がある。他に仕事なんて見つからないと思い込み、ある仕事に何年もしがみついていた。しかし実際に退職すると仕事は簡単に見つかった。人生ではよくあることだ。


戦略とは小さな魚の調理のようなものだ。フライパンに入れてからもいじくり回していると、形が崩れてぼろぼろになってしまう。

一度決めたら、ちょくちょく変えたりしないこと。変えてばかりいると、成果はほとんど出ないだろう。それどころか、違約金や解約金などでかえって損をする。

投資は長期戦だ。途中で変えると、払う手数料は増え、最終的なリターンは小さくなる。

もちろん運用実績の確認は必要だし、マーケットの動きにも注意しなければならない。

でも、自分で決めた戦略を守ること。パニックを起こしていじり回すのは禁物だ。

ルール61

長期の視点で考える

お金を増やす上で禁物なのは、目先の利益を追いかけることだ。目先のお金を追いかけて、たまたま成功して簡単にお金持ちになれたとしても、知識も経験も身につかない。だから、簡単に手に入れたお金は、あっという間に消えてしまう。投資の原則は長期計画だ。長期間の堅実な投資で、着実なリターンを期待する。お金を増やすのは長期戦であり、それがあるべき姿だ。

長期の思考とは、世界がスローモーションで動くなかで、自分だけが超高速で動くような感覚を持つことだ。

ハエを捕まえようとしたことはあるだろうか。人が手を振り下ろす瞬間、ハエはその動きを予測して、飛び去っている。ハエには人の動きがスローモーションのように見えている。

ハエのように、**何かが起こる前にそれを予測する能力を身につけよう。人がそれを可能**

にする唯一の方法が、長期で思考することだ。

お金持ちになるのは、用心深いトラを追跡するのに似ている。トラはつねにあたりに気を配っているので、細心の注意を払って追跡しなければならない。静かにそっと見守る気持ちは、ほとんど愛と言ってもいい。

急に激しく動くと、敏感なトラにはすぐに気づかれる。走ったり、大声を出したりすれば、すべて台無しだ。じっくりと時間をかけて、音も立てずに忍び寄るのがいちばんいい方法だ。

『できる人の仕事のしかた』で、私は、短期と中期と長期で複数の計画を持つように言った。投資でもそれは同じだ。近い将来必要なお金は短期計画で、五年から一〇年で必要なお金は中期計画、そして、大きなリターンを手にしてお金持ちになるのが長期計画だ。

ルール38では、先延ばしせず、迅速に決断し行動することの大切さを学んだ。実はルール38には条件があって、それが「長期の視点でじっくり考える」ことだ。これができて初めて、スピードが生きてくる。**武士の決闘は刀の一振りで終わるが、その一瞬のために人生をかけて修行を重ねる。**

五年後、あなたはどれだけの資産を築くだろう。一〇年、一五年、二〇年、三〇年後は？

ルール62

お金のための時間を決める

お金持ちになるのも大切だが、人生には他にも大切なことがある。これまで私が観察したところ、お金と人生の幸せを両立している人は、次の四つの原則に従っていた。

1　目標を決めたらすぐに始める。
2　一度決めたら目標を変えない。
3　お金の計画にあてる時間を決めている。
4　その時間以外は、お金のことは忘れて人生を楽しむ。

お金のための時間を決める理由は二つある。

一つは、時間を決めて毎日、お金の確認をする習慣を身につければ、気がついたら「これは大変だ」ということにならずにすむからだ。それに**一日中お金のことが気になって仕**

方がない、という状態も避けられる。自分のバイオリズムに合わせて、頭がいちばん冴えている時間をお金のための時間に決めるといい。

時間を決めるもう一つの大きな利点は、一日の予定表に組み込めることだ。例えば、朝食後の時間と決めて、それを習慣にすれば、やらないとかえって落ち着かなくなる。休みの日でさえそうなるはずだ。

毎日、決まった時間に取り組むようにすると、一回でやることはほんの少しだ。やることの多さに圧倒されていやになってしまうことはない。

毎日やるのだから、少しやったら、そこで終わりにする。その日はもうお金のことは忘れ、また翌日の同じ時間に前の日の続きをする。

こうして毎日少しずつ取り組めば、お金は着実に増えていく。私が断言できるのは、自分でも経験したからだ。

ルール63

細部に目を光らせる

実は、これは私のいちばん苦手なルールの一つだ。

だからこのルールのために、私はシンプルな解決策を採用した。細かいことに気がつく人を雇っているのだ。もちろんお金がかかる。長い目で見れば、自分を一から訓練して細部に気づく人になったほうがいいのだが……。

ここで言う細部とは、買い物をすべて家計簿に記録するようなことではない。細々としたむだづかいを見つけて、節約に精を出すことでもない。食後のカプチーノをがまんしてもお金持ちにはなれない。細部とは、具体的には次のようなものだ。

・契約書を読み込む
・金利を確認する
・手数料などの費用を把握する

・支払いを期日までに行う（ペナルティを取られるからだ）
・入金日をすべて把握し、入金後すぐに投資に回す
・人の顔と名前、日時や約束を忘れない
・必要なリスト作りとメモ
・すべての金銭の移動の記録

これはスポーツの練習と同じだ。ある動きをくり返し練習すれば、筋肉がその動きを覚える。同じ動きをくり返すほど、労力をかけずに簡単にできるようになる。最初は少し苦労するかもしれないが、**慣れれば考えなくても自然に体が動くようになる**はずだ。

私は本書の原稿をフランスで書いている。イギリスからフランスに来て、右側通行や左ハンドルの車に慣れるまでは大変だった。

フランスに来たばかりのころは、まるで車の運転を一から学んでいるようだった。それに加えて、道路標識がすべてフランス語なのだから、これはかなり手強かった。

しかし、一度慣れてしまえば、考えなくても体が自然に動くようになった。今は車窓の景色を眺めながら、のんびりとドライブを楽しむことができる。

ルール64
もう一つの新しい収入源を作る

お金を増やす最高の戦略は、そもそもの収入を増やすことだ。自分の収入について見直し、収入源を増やす方法を考えてみよう。

これは大道芸人の働き方に似ていると言えるかもしれない。彼らは、ある場所で稼げないようなら、荷物をまとめてもっと稼げる他の場所へ移動する。

あなたの場合は、他の場所へ行くのではなく、もう一人の自分を作るのだ。そして、二つの場所で同時に芸を披露する。**帽子の数が多くなれば、入ってくる小銭の額は多くなる。**

簡単に私の言葉を信じるのではなく、自分で確かめることが大切だ。身近なお金持ちを観察し、収入源が複数あるかどうかを確認してみよう。多くのお金持ちは、複数の収入源を持っているはずだ。

自分の仕事が大好きだが、収入はよくないという人は、特にこのルールが大切だ。あなたに必要なのは、もう一つの収入源だ。

方法は二つある。一つは、資産を投資に回して「お金に仕事をさせる」こと。家賃収入や株の配当がこれにあたる。あなたが見張っていなくても、お金は働いてくれる。自分をもう一人作ることはできないから、お金に働かせることが大切なのだ。

もう一つは、自分のスキルや専門知識を他の仕事でも活用すること。例えば、本業の他にフリーでも働くという方法だ。その場合は、**今の仕事と違う分野で、自分のスキルを生かす方法を考えるといい。**

趣味を生かしてお金を稼げないだろうか？
人に教えられるようなことはないだろうか？
自分でビジネスを起こすのはどうだろう？

収入源を「作る」といっても、新しい仕事を発明する必要はない。ただ自分に合った方法を見つければいいだけだ。大切なのは、自分のスキルに自信を持って徹底的に活用すること。同時に、現金を生む資産に積極的に投資することだ。

ルール65

「もし〜なら」と考える

新しい収入源を考えるときには「もし〜なら」で始まる質問をたくさんするといい。例えば、次のような質問を自分に投げかけるのだ。

この「もし〜なら」は、誰でもできるゲームだ。さあ、あなたもやってみてほしい。

- もし、また不況がやってきたら？
- もし、銀行が破綻して預金が取り戻せなくなったら？
- もし、株が急に値下がりしたら？
- もし、金の相場が暴落したら？
- もし、顧客がみんなもっと安いライバル企業に流れたら？
- もし、解雇されたら？
- もし、不動産価格が底を打ったら？

・もし、石油が枯渇したら？

私はこれを「あら探しゲーム」と呼んでいる。

私が、これをする理由は、**何事においても真剣に取り組みたいなら、自分の計画に致命的な穴があることを想定しておくべき**だからだ。

お金の計画の穴を見つけて、別の計画にお金を移すのは楽しいことでもある。

新しい収入源について考えるときにも「もし〜なら」の質問は欠かせない。この質問で、さまざまな角度から考えることができる。

例えば、故障が原因で二〇代の若さで引退を余儀なくされるプロサッカー選手を見ると、一つのかごにすべての卵を入れることの危険がよくわかる。選手生命が絶たれた瞬間に、お金の夢も絶たれてしまうからだ。多くの場合、彼らはサッカー以外にできることがない。他の仕事をすることを考えたこともなく、準備をしていないからだ。

ここでのキーワードは「分散」だ。**複数の収入源を持ち、分散投資をしていれば、不測の事態が起こっても、すべてを失うことはない。**「もし〜なら」と発想することで、人生のリスクを抑えることができるのだ。

ルール66

衝動買いは一週間待つことにする

お金を増やす努力を台無しにする、いちばん確実な方法は、入った分だけ使ってしまうことだ。使い始めれば、入ってくるよりも出ていくほうが多くなるのは簡単だ。

実は、私もこの問題で苦労している。きっと禁煙したせいに違いない。手持ちぶさたで、クレジットカードばかりいじってしまう。抑圧された衝動を、クレジットカードで満たそうとしているのだろう。

お金を大きく育てるなら、**絶対に浪費の誘惑には負けてはいけない。新車のことは考えない。南の島のバカンスも考えない。**しばらくの間はスクルージ（小説「クリスマスキャロル」の主人公の守銭奴の老人だ）になって、手持ちのお金を死守するのだ。

大切な秘密を教えよう。

お金を増やすことはレースであり、お金持ちがゴールである。しかし、お金持ちになりたいと思っているにも関わらず、スタート地点に立たない人がいる。何らかの思い込みで「自分には無理だ」と気力をなくしているからだ。スタート地点に立った人の多くも、怠慢が原因でレースから脱落する。さらには、やることの多さに圧倒されて脱落する人もいる。

このページを読んでいるあなたは、かなりいいところまで生き残った一人だ。しかし、せっかくここまで生き残ったのにも関わらず、浪費の衝動を抑えきれずにつまずく人がいる。明日が来ないかのようにお金を使っても、明日はやってくる。しかも意外と早くやってくるのだ。明日になるとピカピカの新車は、なんだか古ぼけて見える。あこがれたバカンスも、終わってみればスナップ写真が残るだけ。

お金持ちは、浪費の衝動を抑えることができる。あなたも同じようにしなければならない。いちばんの方法は、とにかく衝動買いをしないことだ。

何かがどうしても欲しくなったら、とりあえず一週間だけ待つことにしよう。それでもまだどうしても欲しいだろうか。

たいていの場合、時間を置けば買いたい衝動もそれほどでもなくなっていく。欲しいものとの間に物理的な時間と距離を置けば、そう簡単には買えなくなるのだ。

ルール67

持ちかけられた儲け話に注意する

世の中には、たくさんの儲け話がある。ここで本当のことを教えよう。世の中の儲け話はたしかにうまくいく。

……え？　何だって？　あなたの声が聞こえるようだ。そう、儲け話は実際に儲かるのだ。ただし、**儲かるのはあなたではなく、儲け話を持ってくる人**のほうだ。

一九八〇年代に浄水器ビジネスが流行したことがある。私も会議に招待されて、調査目的で行ってみたことがある。人々がいともあっさり契約するのを見て心底驚いた。「だって、浄水器を知り合いに売ればいいだけだろう？　簡単じゃないか」……彼らはみなそう考えた。あのとき貯金をはたいて契約した人は、今いったいどうしているのだろう。たしかに初期から参加した人の中には、かなり儲けた人もいるだろう。しかし、彼らも浄水器を売ることには成功しても、友達をなくしたはずだ。いずれにせよピラミッド・スキームは必ずどこかで破綻する。人口は有限だから、いつか売る相手がいなくなるからだ。

子どものころ、ある二つの詐欺の手口について読んだことがある。人間はなんてだまされやすいんだと思ったのを、今でも覚えている。

一つは害虫駆除装置の詐欺の話だ。八〇〇円送れば、ノミ、ゴキブリ、ネズミなど、どんな害虫・害獣も駆除できる装置を届けてくれるという。実際に送られてくるのは、小さな木のブロックだ。説明書によると、害虫を捕まえてブロックAの上に置き、そこにブロックBを力いっぱい打ちつける。この詐欺師は、逮捕されるまでにかなり儲けたそうだ。

もう一つは、シルクが品薄になったときに、一ヤード（約九〇センチ）のシルクを、格安で売るという手法だ。注文すると、一ヤードのシルクの糸が送られてくる。布ではなく糸だ。たしかに布だとはひと言も言っていないのだ。

自分はそんなあからさまな詐欺にはだまされない――あなたはそう思うかもしれない。でも、本当にそうだろうか。すべての詐欺がここまでわかりやすいわけではない。**普段は賢い人でもコロッとだまされるのはよくあることだ。**

うまい儲け話なんて存在しない。私に続いて復唱してみよう。

「うまい儲け話なんて……」

ルール68

お金を増やす秘密の方法はないと心得る

うまい儲け話が存在しないように、お金持ちの秘密も存在しない。

儲け話やお金の秘密はいろいろと売り出されている。お金持ちになろうと心を決めたあなたの周りには、そういう話を持ちかける人が群がってくるだろう。彼らは、本当のお金持ちしか知らない秘密を教えると言ってくる。

例えば、ウォール街の隠された秘密を教えてくれるニューズレターがある。株の必勝法、投資で一山当てる方法、オフショア投資で節税する方法……こういったものはすべて同じだ。「得られる情報価値に比べたら格安」「ニューズレターの年間購読を今すぐクリックするだけ」そう言って法外な値段で売りつけてくる。

覚えておこう。**本当の秘密は、次から次へとカモが引っかかるということだ。**この秘密を知ったあなたは、もう秘密にだまされることはないはずだ。

誰もあなたをお金持ちにしてくれない。それができるのはあなただけだ。彼らに特別な知識はない。あなたの知らないことを知っているわけではない。

お金持ちになる秘密は「秘密などない」ということだ。

何かを買い、買った値段よりも高く売ることができたら、それは成功だ。お金に関することは、すべてこの原則が当てはまる。株も、不動産投資も、貯金も、予算財源も、財務管理も、商品先物も、インデックス投資も、金投資も、みんなこの原則で動いている。

最初のほうのルールで、勤勉な人だけがお金持ちになれると言った。その理由が、今ならわかるだろうか。

お金持ちになる方法は、お金持ちを研究して、良書から学び、自分で身につけなければならないのだ。**お金のカリスマが教えてくれる秘密を買うのが近道だと思うなら、お金をどぶに捨てることになり、そんな自分にも落胆することになる。**

楽な道を探してばかりいる怠け者は、お金持ちになれないどころか、どんどん貧しくなってしまうのだ。

ルール69

読むだけでなく行動する

本書を読むのは「お金持ちへの道」を歩き始めるためだ。読んだだけでは出発点に立ったにすぎない。実際に行動しなければどこへも行けない。

「そんなことはわかっている」「この本は当たり前の話ばかりだな」などと思っている人も多いだろう。なるほど、その通りだ。しかし、あなたはその当たり前のことを、当たり前にやっているだろうか。

たいていの人は、知っていることと、実際にやっていることの間に大きな開きがある。読むだけではどうにもならない。いいアイデアだと思ったら、実行しなければならない。

実行のペースはゆっくりでもいい。行動を変えるのは簡単なことではないからだ。**新しい習慣を身につけるには、誰でもかなりの努力が必要になる。**

行動を変えるコツは、まずは目に入るものを変えることだ。経済やビジネスの話題に、今よりも少しでいいから興味を持つようにしよう。お金についてもっと意識し、お金に対する自分の思い込みに気づけるようになることから挑戦してみよう。

自分を変えるには手順がある。考え方を変えると態度が変わる。態度が変わると行動が変わる。この順番を意識すれば、自分を少しずつ変えることができる。

1　自分のお金についての発言や考えを意識する——お金を悪者扱いしていないだろうか。お金をポジティブにとらえるようになると、自然にお金が集まるようになる。

2　自分の歩き方を意識する——猫背でダラダラと歩き、覇気がない印象を与えていないだろうか。背筋をまっすぐ伸ばし、力強い変化を求める気持ちを前面に出そう。

3　自分の話し方を意識する——貧乏くさいことばかり言っていると、周りからも、そのような扱いを受ける。お金持ちのように話そう。

お金持ちになりたいと思っているのに、なれない人はたくさんいる。それは「なりたい」という気持ちが足りないからではない。行動が足りないからだ。さあ、今すぐに始めよう。今日、この瞬間に行動を起こそう。

3
章

お金を
大きく育てる
17のルール

The
Rules
of
Money

ある程度のお金が貯まると、すべては少し簡単になる。
お金がお金を生むようになるからだ。
昔から言われるように、最初のミリオンがいちばん難しい。

お金が貯まり始めても、通帳を眺めている暇はない。
頭を使い、これまで以上に素早く行動しなければならない。
油断は大敵だ。絶対にボールから目を離してはいけない。

ここからは、アドバイザーが必要になるかもしれない。
さらに資産を大きく増やす知恵が必要になるからだ。
ただし、アドバイスをもらっても、決断するのはあなただ。

自分がどれだけチャンスをものにできる人間か試してみよう。
他人とは違う角度から物事を見てみよう。

本物のお金持ちになるには、
その他大勢と同じことをしてはいられない。

ルール70

定期的に「お金の健康診断」をする

着実にお金を増やすには〝お金の健康状態〟を把握しなければならない。定期的に「お金の健康診断」を行うようにしよう。

ペースは人それぞれだが、月に一度か、三ヵ月に一度でもいいだろう。個人的には、週に一度はやりたいと思っている。とにかく、長い間放っておくのはやめたほうがいい。

「お金の健康診断」にはいろいろなメリットがある。

決断に必要な情報が集まるようになり、景気や家計の変化にも対応できるようになる。

いつの間にか貯金が底をついていた……というような取り返しのつかない事態を防げるし、お金にもっと興味が持てるようになる。

具体的には、以下のような方法で〝健康診断〟をしよう。

・お金の出入りを計算する。自分の記録と銀行口座の数字が一致するか確認する。
・「借りているお金とその相手」「貸しているお金とその相手」をリスト化する。
・レシートとクレジットカード明細を突き合わせて確認する。
・今後の収入の見込みと大きな支出の予定を確認する。
・雑誌の定期購読など、不要な定期的支払いがないかをチェックする。
・保険、投資、確定拠出年金、年金拠出の状況をチェックする。

こうした「お金の健康診断」を怠ると、お金はいつの間にか消えていく。**借金を見ないことにしても、それはなくならない**のだ。

自分を律し、健康診断を習慣化しなければならない。例えば、毎週土曜日の朝と決めたら、必ず土曜日の朝に行う。たとえ外はいい天気でも、たとえ休日でも、たとえ気分が乗らなくても、たとえ他にもっとおもしろいことがあっても関係ない。

はっきり言えば、**お金のチェックがおもしろくないのなら、残念だがお金持ちになれるタイプではない**のだ。もちろん人は変われる。コツコツ取り組むうちに楽しめるようになる。

お金の動きにはつねに目を光らせていること。目を離すと、お金から痛い思いをさせられかねない。

ルール71

お金のメンターを見つける

私にはお金のメンターがいる。お金を増やすことに限らず、何かに真剣に取り組もうと思うならメンターが必要なのだが、ここではお金の話に限定することにしよう。

そもそも、なぜお金のメンターが必要なのか。

・**知識と経験を補う必要があるから**——経験不足をフォローする人物が必要だ。
・**考えをまとめる必要があるから**——メンターは自分の意見を表現するよう求めてくる。
・**自分の決断の理由を説明させられるから**——おかげでいい加減なことはできなくなる。
・**「本当によく考えたのか?」と指摘してくれるから**——早まったことをしないですむ。
・**世の中の動きが学べる**——彼らはニュース検索サービスのような存在だ。
・**中立の立場でアドバイスしてくれるから**——彼らはライバルではない。

成功した起業家には、メンターと呼ばれる存在がいるものだ。彼らは、起業で成功した先輩にアドバイスを求めている。

たいていの成功者は、メンターになってほしいと言われたら喜んで引き受けてくれるものだ。自分の経験や知識を伝えるのは楽しく意義あることだからだ。

お金のメンターを見つけるなら、自力で財産を築いた人がいい。彼らはお金の扱い方を知っている。自分の周囲でそうした人物を探してみよう。そして、見つかったら、話を聞きにいこう。彼らも喜ぶはずだ。

メンターへのお礼はどうしたらよいだろうか。

彼らをランチに誘って、その費用をあなたが持てば十分だ。ランチの時間に、彼らからアドバイスをもらう。情報を教えてもらったり、励ましてもらったり、間違った行動を止めてもらうこともある。

メンターに同意できなければ無視してもいいだろうか。

もちろん無視してかまわない。私も一度、メンターのアドバイスに従わなかったことがある。しかし、あれは大失敗だった。私はすぐにメンターに謝って、その後は彼らのアドバイスに逆らったことはない。

ルール72

直感を正しく使う

直感を信じる。心の声を聞く。第六感を働かせる……すべて、同じことを言っている。

ここでは最初の「直感を信じる」で話を進めよう。

次のようなときは、直感を信じたほうがいい。

・何かがおかしいと感じるとき。
・何かが絶対に正しいと感じるとき。
・自分を信じなければ前に進めないとき。

ただし、やみくもに直感を信じて、行動すればよいわけではない。直感を正しく活用するための正しいステップがある。科学的に直感を使う必要があるのだ。

ステップ1――直感が働いた。
ステップ2――事実を数字で調査する。
ステップ3――行動計画にまとめる。
ステップ4――メンターに行動計画を見せる。
ステップ5――メンターからアドバイスをもらい、その通りに行動する。

この5つのステップの間に、ぐだぐだと思い悩む時間は一切ない。悩まずに事実と数字で裏付ける。それができないなら、行き当たりばったりの思いつきにすぎない。

直感とは、突然頭がクリアになって、真実を悟る瞬間だ。そして、真実とは、事実と数字で証明することができるものだ。

直感を「神の啓示」のように扱って、裏付けの必要などないと思い上がってはいけない。調査に基づいて、行動計画をまとめること。**直感には、理性的、かつ合理的に従わなければならない**のだ。

たった一つのすばらしいひらめきで財を築く人は多い。しかし彼らは、ひらめきを汗に変え、懸命に働いた。多くの人は「幸運に恵まれた」などと言うだろう。しかし、運など関係ない。彼らには、直感を正しく使い、行動に移すだけのガッツがあったのだ。

ルール73

成功にあぐらをかかない

「慢心した人間がかぶる月桂樹の冠ほど早くしおれるものはない」という諺《ことわざ》がある。たしかにその通りだ。

努力の成果が現れ始め、ある程度のお金が貯まると、とたんに気が緩みがちだ。しかし、むしろそこからさらにギアを上げなければならない。

最初の成功を手にしたときこそ、状況を観察し、次の攻撃の作戦を立てるときだ。挑戦し、この勢いに乗ってさらに足場を固めるために動かなければならない。

真の成功者は努力をやめない。泥沼からようやく腰まで抜け出したときに、少しでも気を抜くと、ずるずると下降し始め、泥沼に逆戻りになる。再び抜け出すのは、最初のときよりもさらに大変になる。私には経験があるからよくわかる。

うまくいったら、ギアをさらに上げよう。情熱にもう一度火をつけて、炎を燃え上がらせよう。休んではいけない。

お金持ちは、予定外の休みを取ったりしない。彼らは休まず、ひたすら働く。周囲に目を光らせ、情報は逃さない。油断せず、注意を怠らず、情熱の炎を燃やし、果敢に決断する。彼らは誰よりも働き、そして誰よりも大きな報酬を手にする。そして何も知らない人からは「運がよかったですね」と言われる。いやはや、お金持ちになるのは大変なのだ。

とにかく、あなたを成功に導いてくれたことは、さらに続けなければならない。

金のなる木を見つけたのなら、枯れるまで金を収穫しよう。

一回限りの思いつきなら、もう一度何か思いつこう。

純粋な努力の結果なら、その努力を続けよう。

成功の公式を見つけたのなら、他の公式も見つけよう。

とにかく、**成功のために取り組んだことが何であれ、それが成果を出している限りやめてはいけない。**大切なのは、慢心しないことだ。すべてわかったつもりになってはいけない。

自分はこれまで、どんな方法を使って、どんな計画を立てて、どんなミッションを持っていたか――どうやってここまで来たかを忘れてはいけない。

「一度決めたら途中で変えない」というルールを思い出そう。

ルール74

自分にできないことは人に任せる

私には何人かのお金のメンターがいる。まだまだ知らないことがたくさんあるからだ。勉強することもできるが、私よりもはるかに知識もスキルもある人が大勢いるのだから、自分ですべてをやる必要はない。**得意なことは自分でやり、できないことは他の人にやってもらう。**単純なことだ。

何かを任せるなら、本当に優秀な人を選ぼう。正しい人を選び、しっかり働いてもらうための一〇個のルールがある。

1　どの仕事を、どんな人に任せたいかを具体的に決める。
2　何を頼み、いくら払い、どんなルールを守ってもらうかを明確にする。
3　彼らを尊重し大切にする（絶対に道具のように扱ってはいけない）。
4　情報を与え、モチベーションを高め、忠誠心を育てる。

5　長期戦略を共有する（彼らもあなたと利害をともにしている）。
6　彼らが失敗したら、原因を正し、前に進む（許すことはいいことだ）。
7　彼らをほめる（ほめ言葉ほどやる気を刺激するものはない）。
8　現実的な目標を決める（不可能なレベルを期待してはいけない）。
9　自分が尊敬に足る人物になる（高い基準を設け、率先して守る）。
10　威厳を持ち、適切な距離を保つ（あなたはボスだ。友達ではない）。

以上だ。この一〇個のルールは絶対ではなく、状況に応じて修正してもらいたい。すべてあなた次第だ。

相手の貢献にふさわしいきちんとした待遇をすること、そして、仕事を一緒に楽しむことには気をつけよう。くれぐれも人でなしの最低ボスにはならないように——もちろん、あなたはそうならないはずだ。

ところで、今の私は、とても優秀な会計士に恵まれている。私がいつも、できるだけ税金を払わないようにするにはどうするかとうるさいので、彼女はよくため息をついている。

私は、ただ彼女に質問するだけだ。それ以外については、すべて彼女に一任している。私たちの関係は良好だ。もちろん、彼女のため息をのぞいての話だが。

ルール75

自分の長所と短所を見極める

お金持ちを目指すには「自分の長所と短所」「自分の得意なこと、苦手なこと」を知っておく必要がある。

私自身は、物事を広い視野で眺めて、大きくとらえるのが得意だ。しかし細部にこだわって、根気よく取り組むのはあまり得意ではない。

自分を知っていれば、得意な分野は自信を持って、自分の判断で進めることができるし、苦手な分野やまだ勉強していない分野は、他の人の助けを得るという方法も取れる。

もう一つ大切なのは、自分の働き方のスタイルを知ることだ。**「チームプレイヤータイプか、ソロ活動タイプか」そのどちらかによって力を発揮する方法が変わってくる**からだ。

私自身は変則的な混合タイプだ。

私は後先考えずどんどん前に出るタイプだから、一人で仕事をしていると、早とちりしたり、言わなくていいことまで言ってしまったり、といったトラブルを引き起こしがちだ。

だから、落ち着いたパートナーがいるとバランスが取れる。

とはいえ、私に適したチームの人数は二人までだ。それ以上の人数のチームになると、まるで力を発揮できなくなる。そのため、魅力的なビジネスのオファーがあっても、三人以上のチームプレーが必要な場合は断っている。失敗する可能性が高いからだ。

それに、私は一人で働くのも得意だ。決断は早いし、アイデアを人に話さないと行動を起こせないというタイプではない。オフィスでのおしゃべりも必要ない――自分を知るとは、こういう分析ができるということだ。

お金持ちを目指して前進していくなら、まず次のことを確認しておかなければならない。

・自分の長所と短所を知っているか？
・自分の得意なことと苦手なことを知っているか？
・一人で働くことに向いているか、それともチームを組んだほうがいいか？
・チームの中に自分に向いている役割はあるか？　自分はその役割に満足できるか？

私のビジネスパートナーに言わせると、私たちの相性がいいのは「頭脳派と体力派」のペアだからだ。問題は、二人とも自分が頭脳派だと思っていること。やれやれ……。

ルール76

隠れたチャンスを探す

「チャンスは寝ている者を起こさない」――これはセネガルの諺《ことわざ》だ。

チャンスは、身近にいて、普段は見えないように隠れている。だから、それが現れる〝魔法の瞬間〟を見逃してはいけないのだ。そのために必要な五つのことを押さえておこう。

1 タイミングが命――反応が遅いと逃げてしまう。逆に、早すぎると驚かせてしまう。

2 つねに真剣に――チャンスは臆病な小動物のようなものだ。一日おきに探しても見つからない。水場で捕まえるには、常に最高の状態で見張らなければならない。

3 目立つ――チャンスはたくさんあるわけではない。だから、あなたは目立つ存在にならなくてはならない。「独特」「独創的」「普通と違う」……とにかく群れに埋もれず目立っていれば、チャンスのほうからあなたを見つけてくれるかもしれない。

4 エキスパートになる――チャンスを見つけ、しっかりとつかむには、最高の準備が必要だ。財務関係の書類を初めて見て、その日から理解するのは不可能だ。自分の仕事の最高のプロフェッショナルになるよう真剣に勉強しなければならない。

5 魅力的になる――清潔にして、身なりを整え、爽やかでパリッとした見た目でなければならない。魅力的な人のところにはチャンスも集まる。

欲しい車ができると、とたんにその車が街を走っているのを何度も見るようになる――そんな経験は、あなたもあるだろう。なぜ、それまでは気づかないのだろう。前からそんなに走っていた？　もちろんそうだ。ただあなたが気づかなかっただけだ。**意識が集中すると、まるでスポットライトに照らされたようにすぐに見つかる**ようになる。チャンスも同じだ。欲しい車ができたときと同じように、意識をチャンスに向ければいい。一度気づくと、次から次へと見つかるだろう。チャンス発見装置のスイッチを入れよう。スイッチが入れば、まるで魔法のようにチャンスが次々と現れるはずだ。

ルール77

ゆっくり時間をかける

前にも言ったように、お金持ちへの道は長期戦だ。

手っ取り早くお金を増やそうとすると、精神的にもすぐに疲れてしまう。

それに、時間をかけずに増えたお金というのは、たいてい一つの収入源から入ったもの
だから、その流れが途切れれば、すぐに元通りだ。

お金を増やすのは、じっくり時間をかけたほうがいい。長期戦でコツコツ取り組んで、**バラエティに富む収入源と投資先を手に入れれば、一回のトラブルではびくともしなくなる。**

他にも、時間をかけるメリットは、いろいろある。

- 長期的に安定した収入源を確保できる。
- 不景気やマーケットの急落にも耐えられる。

・仕事と家庭のバランスを取って人生を楽しめる。
・正直な方法でお金を稼ぐことができる。
・お金持ちになることに、徐々に慣れることができる。
・お金の知恵や技術を学ぶことができる。

もしいきなり大金を手にしたら、お金を正しく管理して使う方法を学ぶ時間がないので、結局はむだに浪費することになる。一つの収入源では、収入が途絶えるリスクも高い。

個人的にも、お金はゆっくり楽しみながら貯めていきたい。

宝くじに当たるのも、親戚から莫大な遺産が転がり込むのも、お金目当てで結婚するのもお断りだ。

ゆっくりと育てた財産のほうが、そのお金をより楽しむことができる。すぐになくなったりしないし、夜もぐっすり眠れるだろう。

ルール78
うまい話は疑ってかかる

物事を悪く考えるという習慣は、人生においてはあまり好ましくないことだ。しかし、**お金のことに限定するなら、被害妄想ぎみぐらいでちょうどいい。**世間にはたくさんの鮫《さめ》が泳いでいて、だまされやすい人をカモにしようと狙っている。注意しなければならない。

イギリスのテレビキャスター、ジェレミー・パクスマンは、いつも相手が隠し事をしているという前提でインタビューするという。日常生活ですべての人を疑うわけにはいかないが、「うまい話を持ちかけてくる人」には注意したほうがいい。

次のようなことを言ってくる人たちは疑ってかかるべきだろう。

- 儲け話がある。
- あなたの資産の運用をしてあげる。
- あなたのビジネスに投資したい。

・お金のアドバイスがある。
・あなたと働きたい。
・あなたに買ってほしい商品やサービスがある。

うまい話というのは、向こうからわざわざ持ってきてくれるものだ。だから、お金に関する話を持ちかけられたら、注意が必要なのだ。次のような人には特に気をつけよう。

・税金を逃れたり、法律の裏をついた手法で儲けさせてやると言ってくる。
・「オフショア」「マルチレベル」「ピラミッド」という言葉を使う。
・金儲けの秘訣を教えようと言ってくる。
・インターネットを使った儲け話。
・最初にお金を請求してくる。

「相手にどんな得があるのだろう？」と自問自答することも大切だ。

他人任せになってはいけない。何かで契約するなら、小さい文字の注意書きまで、すべて自分で読むこと。この世は油断大敵だ。

ルール79

お金を働かせる

あまりにも多くの人が、お金をむだに遊ばせて、実質的に損をしている。時間がない、面倒くさいなどの理由で、利息の低い銀行口座にお金を入れっぱなしだったりする。

お金を増やすには、あなたが働くと同時に、お金にも働いてもらわなければならない。あなたのお金はきちんと仕事をしているだろうか？　次の基準を参考に考えてみよう。

- **利息の高い貯蓄口座にお金を移す**――最近ではインターネットバンキングがあるから、以前よりずっと簡単だ。
- **よりよい金利を探す**――今の金利に満足してはいけない。もっと高い金利はどこかに必ずある。

・**手数料の安いところを選ぶ**——有名な金融機関がいいわけではない。名前にお金を払ってはいけない。実際のサービスにお金を払おう。

・**不動産は空室を避ける**——不動産は値上がりして売却するまでの期間、きちんと家賃収入を得なくてはならない。

・**投資目的でも、実用性を考慮する**——クラシックカーなら自分で乗ることもできるが、絵画はただ見るだけだ（リラックスできるという実用性があるかもしれないが……）。

・**すべての選択肢を吟味する**——現状に満足せず、つねに「もっといいもの」を探し続けよう。

・**すぐに始める**——明日に延ばしてはいけない。今日、今すぐやる。預金の移動が四ヵ月遅れたら、四ヵ月分の利息を失うことになる。

「お金を遊ばせておくのは損失と同じ」——これは大事な原則だ。忘れてはいけない。

ルール80

投資のやめどきを見極める

私個人の基準では、五年以内に元本が倍になるなら、それは私にとっていい投資だ。不景気のときは、五年を七年まで延ばして判断する。

どうすれば倍になるまでの年数がわかるのかって？　便利な計算法をお教えしよう。少し前にインターネットで見つけてから、私自身ずっと便利に使わせてもらっている方法だ。方法は簡単だ。**七二という数字を年利で割ると、元本が二倍になる年数が計算できる。**

例えば年利六パーセントなら、七二割る六で一二になる。つまり、年利六パーセントだと元本が倍になるのに、一二年かかるということだ。これは私にとっては長すぎる。五年以内という私の条件を満たすには、一四・四パーセントの利率が必要だ（今時こんなに条件のいい投資はまずない。それは、わかっている）。

私の場合は、五年で元本が倍にならないなら、その投資には手を出さない。すでに始めている投資が条件に満たなくなっても、そこでやめる（解約手数料などで損する場合は別だ）。

「投資をやめる基準」の例をいくつかあげる。**あなたも自分なりの基準を決めておこう。**

・景気が下降している。
・その投資について気になる情報がある。何かがおかしいと感じる。
・もっと条件のいい投資のための資金が必要になった。
・その投資がしばらく利益を出していない。
・十分に儲けた。
・その投資に興味を失った。
・その投資が時代遅れになった（古い投資は、手数料などのコストがかかりがち）。

投資で失敗すると、その損を取り返すためにさらにお金をつぎ込みがちだ。しかし、それでは、状況は悪化するだけだ。失敗を認めて、さっさと損切りして次へ行こう。

ルール81

自分の投資スタイルを知る

投資の仕方にも人それぞれのスタイルがある。

他の人がすすめるものを買う、特に考えずになじみの企業を買う、株価が上がっているものを買う……などなど困ったスタイルの人もいるが、いちばん致命的なスタイルは「損切りができない」人だ。これだけは、なんとしても克服しなければならない。

まずは、自分のスタイルを自覚することが大切だ。そうしないと、自分の間違いを修正することもできない。以下に、いくつか例をあげるので、自分が当てはまるか考えてもらいたい。自分に正直に判定しよう。ごまかしは禁止だ。

1　競争心が強い――投資にも意欲的で、勉強にも積極的なのはいいことだ。自信過剰で、楽観的すぎる傾向が問題だ。負けると意地になり、損切りできなくなる。

2　堅実派――慎重で、安全な投資を長期にわたって続ける。賢いやり方だが、損失が出ている投資を切り捨てられない傾向がある。

3　投資に興味がない――プロのアドバイスを求め、じっくりと時間をかけすぎるほどかけて考える。大きな損失は出さないかもしれないが、他の人に比べて儲けも小さくなる。

4　十分に準備をしない――投資の額が少なすぎたり、タイミングが遅すぎたり、誰かの話を真に受けて一つの投資に全資産をかけたり、なかなか損切りができなかったりする。

ポイントは、**感情や性格は投資の決断に大きく影響を与える**ということだ。楽観的、極端に慎重、競争心が強い、せっかち、恐怖、焦りなどが原因で、投資に失敗するのはよくあることだ。あくまで冷静で、客観的にリスクとリターンを計算するためにも、自分の性格的な傾向を絶対に知っておかなければならない。

特に、損しているときに、どんどんお金をつぎ込んでしまうのは要注意だ。冷静な判断ができなくなったら、見切りをつけて、次へ行くことも必要だ。もちろん、それは難しいことだ。私もそうだからよくわかる。

ルール82

バランスシートの読み方を学ぶ

X社の売上が一〇億円で、費用が五億円なら、利益は五億円だ。

これを見て「X社は儲かっている」と思うかもしれないが、実際のところはそうではないかもしれない。**売上から費用を引いただけでは見えない事実がある**からだ。

例えば、銀行に二〇億円の借金がある場合、あるいは、四〇億円の税金の支払いが控えている場合などだ。この状況で、X社に投資するかと聞かれれば、私ならしない。こんな会社に近づいてはいけない。だから、バランスシートを読む必要があるのだ。

バランスシートの基本はバランスだ。「資産」は「純資産＋負債」と同じでバランスが取れる。簡単に言うと、「自分のもの（資産）」から「借りているもの（負債）」を引いた残りが「自分の価値（純資産）」だ。個人の資産管理にも使えるし、会社の分析にも使える。

・自分のもの＝資産——流動資産と固定資産に分けられる。流動資産は、現金やすぐに現金化できるもの（返済の確実な貸し付けなど）、在庫（すぐに売れるもの、すぐに製品化できる素材）など。固定資産は、不動産、工作機械、のれん（ブランド・ノウハウなど）。

・借りているもの＝負債――未払い金、長期のローン、銀行ローンなど。

・自分の価値＝純資産――「資産マイナス負債」が純資産。人や会社の本当の価値を示す。

流動資産を負債で割った数字が一・五より大きければ、その会社は大丈夫だという判断基準がある。すべての業界で同じ基準となるわけではないが、指標とするくらいなら問題ない。それ以外にも、資産のうち純資産が占める割合という基準もある。五〇パーセント以上なら問題なしだ。資産が一二〇億円で純資産が三五億円だと、純資産の占める割合は二九パーセントしかない。これはあまりいただけない数字だ。

つまり、利益が一〇億円だと言われても、その数字だけで感心してはいけないということだ。バランスシートを見ないと、実情はわからない。会社への投資を考えるなら、バランスシートを隅から隅までチェックしよう。

ルール83

税務署の一歩先を行く

脱税は絶対にいけない。何があってもしてはいけない。

だからといって、私は税務署の味方というわけではない。ただ、脱税（＝犯罪）と節税（＝頭を使うこと）は違うということをまずは言っておきたい。必要以上に税金を払わないように気をつけるのが節税であり、払うべき税金も払わないのが脱税だ。**脱税と節税の間には、超えてはならない一線がある。**

お金が増えると、税金関連の作業を人に任せる必要が出てくる。プロを雇うのはお金がかかるが、自分でやるとそれ以上のお金を税務署に持っていかれかねない。

それに、ここで忘れてはならないのは、税務署はしっかり対策をしているということだ。抜け道をふさぎ、法律を変えている。どんなに賢い節税対策も、すぐに見破ってつぶしにくる。どこかチェスの試合に似ているが、ずっと複雑で、お金もかかる。

ここでは具体的なアドバイスはしない。税制はめまぐるしく変わるし、訴えられても困る。しかし、次のようなことは、覚えておいて損はないだろう。

・**会社設立を考慮する**――自営業やフリーランスよりも税金が安くなり、使える方法も増える。ただし、会社の記録は、より透明性が求められるから、嘘はすぐにばれてしまう。

・**控除は使いきる**――使わなければ失うだけだ。

・**経費を使う**――経費で落とせるものは、すべて経費で落とす。

・**年金積み立てに資金を回す**――控除の対象になるからだ。

タックスヘイブンに会社を移したり、世界各地を転々とする税金ノマドになるという方法もあったが、この方法はもう使えないと思ったほうがいいだろう。

投資に詳しくなるとともに、その投資で発生する税金にも詳しくなること。お金を払ってでもいいアドバイスを求めよう。

ルール84

自分の資産をすべて把握する

最初に確認しておこう。あなたは自分の資産をすべて把握しているだろうか？

すべてとは、固定資産と流動資産の両方ということだ。簡単に言えば、固定資産とは現金化するまでに時間がかかる資産で、流動資産はすぐに現金化できる資産だ。

すべての資産をリストにしたことはあるだろうか？

したことがないなら今すぐやろう。リストに入れるべきは次のようなものだ。

・不動産　・土地　・自動車　・年金　・現金　・美術品、アンティーク

・投資　・貸したお金　・家具、その他家財道具

・特許　・株式、債券　・知的財産

もし自分でビジネスをしているなら、次のようなものも含まれているかもしれない。

・在庫　・仕掛品　・原料　・工場、機械
・設備　・商標　・名簿

すべての資産を一覧にすると、資産にお金を稼がせる方法も思いつくはずだ。ここでのアドバイスは、基本的に次の通りだ。

・**資産を眠らせない**——不動産があるなら賃貸に出す。例えば使っていないガレージや小さな土地を、駐車スペースとして貸すという方法もある。駐車スペースが不足している場所に土地を持っているなら、この方法は有効だ。柔軟に考えれば、可能性は無限大だ。

・**働いていない資産は美しくない**——お金を生むか、資産価値が上がるのでなければ、そもそも所有している意味がない。

特に、現金はただ眠らせておいてはいけない。お金は退屈してどこかに行ってしまうかもしれない。お金に働かせよう。

ルール85

今の給料が自分の価値だとは思わない

大企業は、安すぎる給料に疑問を持たない人のおかげで成り立っていると言ってもいい。そんな横暴を許してはいけない。

ここでのポイントは三つ。

一つ目は、頻繁に転職する人は、そのたびに交渉して、給料を上げている。だから、ずっと同じ会社にいることにするなら、自ら交渉し、それに見合うだけの働きをしていることを説明できるようになる必要がある。

二つ目は、積極的に給料を上げようとする会社は存在しない。もっとお金が欲しいなら、会社が動くのを待っていてはダメだ。自分から働きかけて、もっと払う価値があることを証明しなければならない。フリーランスでも原則は同じだ。

三つ目のポイントは、自分はもっともらえるべきだと思っている人は、向上心があり、野心家で、仕事熱心だ。今の給料に満足し、特に疑問に思わない人は、ただ惰性で働いてしまうので、自分の成長も止まりがちになる。

これは給料を上げる方法を教える本ではないが、いくつかヒントを教えよう。

・**自分の価値を論理的に示す**――勤勉に働き、成果を出しているのなら、それなりの報酬を求めるのは正当な権利だ。論理的に理由を説明できるようになろう。

・**報酬はお金だけではない**――責任ある地位、休暇、労働環境、自分のスタッフなど、要求できるものは他にもある。

・**要求を実現する条件を調べる**――もし要求が通らなかったら、どうすれば要求が受け入れられるか確認する。

・**改善する**――指摘された部分を改善し、その上でまた要求する。

・**人と比較しない**――あなたは独自の存在だ。比べても仕方がない。

お金やそれ以外のものをもっと手に入れたいなら、カギとなるのは交渉だ。交渉のうまい人は、たくさん受け取ることになる。単純なことだ。

交渉スキルを磨こう（ルール34を参照）。一度の交渉で欲しいものが手に入らなくても文句を言わないこと。さらに努力して、また要求しよう。

ルール86
他人と同じ道を行かない

あなたの人生であり、あなたのお金だ。あなたが行きたい道を行けばいい。

みんなと同じ道を行けば、みんなと同じ場所にたどり着く可能性は高いだろう。そこは居心地がよい場所かもしれないが、お金に関して言えば、分け合う人がたくさんいるということだ。

自力で大金持ちになった人の共通点をあげるとすれば、それは人より一歩先を行くことだ。**お金を増やせる人というのは、独創的に考えることができる。**これは無謀な賭けに出ろという意味ではない。人と同じで安心していては、お金は増やせないということだ。

たいていの人は、周囲とできるだけ合わせようとするものだ。群れの一員でいるのはとても心地いいからだ。万が一、失敗したとしても、群れのみんなと悲しみを共有することができるし、責任を取る必要もない。一匹狼が失敗するのは、なかなかきつい状況だ。

うまくいったときも、群れの中にいればみんなで一緒にお祝いすることができる。喜びの共有だ。サッカーの試合を見るときに似ているかもしれない。実際、あれはいい気分だ。喜びの共有にも、悲しみの共有にも背を向けるには、かなりの自信が必要だ。**本物の勇気があり、自信があり、成熟している人だけが　独自の道を進むことができる。**

一九八七年一〇月に株式市場が大暴落したとき、多くの人が大金を失った。しかし、八月のうちに株を売却し、大金を失わなかった人を私は二人知っている。億万長者のケリー・パッカーとジミー・ゴールドスミスだ。人は勝利に近づくほど、リスクを最小限に抑えたくなるものだ。そして負けに近づくほど、一発逆転を狙って大きな賭けに出たくなる。

一時期、ダチョウ農場への投資が流行ったことがある。今どうなったのだろう？　虫農場への投資が流行ったこともあった。虫の卵を買って育てると、農場が成虫を買い取るという仕組みだ。あれは傑作だった。

息子の一人が、一五〇〇円を元手にカタツムリビジネスを始めたことがある。大きなカタツムリを二匹買ってきてエサをやり、面倒を見ていた。

半年たったころ、私は息子に「カタツムリは買い取ってもらえないよ」と真実を伝えた。当時、息子の学校では多くの生徒が同じ夢を追いかけていたらしい。

4
章

お金を守り
人生を楽しむ
9のルール

The
Rules
of
Money

ルールを実行し、ハードに働けば、いつかお金持ちになれる。

しかし、それで終わりではない。

次は、ずっとお金持ちでいるための努力をしなければならない。


財産を守り、なおかつ人生を楽しむ方法を学ぶ必要がある。

ここまで苦労したのだから、簡単に手放してはいけない。

インターネットには「お金のことはお任せください」という
サイトが山のようにある。
彼らによると、三年から五年もあれば、
必ず大金持ちになれるのだそうだ。

……たいしたものだ。

あなたは、この本を返品したほうがよいのではないだろうか。

私が本書で主張しているのは
「努力すること」「集中すること」「独創的であること」

「計画を立てること」そして何より「ハードに働くこと」だ。

楽をして、確実にお金持ちになれる……
そんな方法がどこにあるというのだろうか。
都合のいい話を信じて
お金を失わないように注意してもらいたい。

ルール87
品質重視の買い物をする

妻と出会ったころの私は、安売りを見つける達人だった。例えばスーパーに行くと、鶏肉一パックの値段で二パック買えるセールをすぐに見つけることができた。

そうやって私は安売りの鶏肉を料理して、安ワインと一緒に流し込んだ。しかし残念ながら、せっかく手に入れた余分の一パックはむだにしてしまうことが多かった。

一方で妻は、量よりも質を重視するタイプだ。彼女が買い物をすると、食卓にはロブスターとシャンパンが並ぶ。私が彼女に惚れた理由がわかっていただけるだろう。

私が五枚セットの安いTシャツを買う金額で、彼女は上質なTシャツを一枚買う。そうすると、彼女が買った品質のいいものは、以下のようになる。

- 傷みにくく、長持ちする。
- 手入れに余計な手間やお金がかからない。

・それを使う人の印象も上質になる。

安いものを買うと、すぐにダメになるので結局はお金がかかる。私は必要以上にお金を使い、なおかつ貧乏くさく見えていたのだ。妻が私にそれを教えてくれた。

私にとって、質を重視するという習慣は、身につけるのがかなり大変だった。それは、**お金に関する考えは、子ども時代に刷り込まれていて、その思い込みは簡単には捨てられない**からだ。私は子どものころからずっと次のように信じていた。

・高級品とはむだづかいだ。
・自分が気分よくなるために、贅沢をするのは間違いだ。
・できるだけ安く買うのは正しいことだ。

買い物には、その人の生きる姿勢が表れる。仕事へのこだわりも見えてくる。**上質な物を買うようになれば、人生も変わる。**人からの待遇も変わるし、長い目で見れば節約にもなる。昔から言われているように「安物買いの銭失い」ということだ。

ルール88

同意する前に小さな文字をすべて読む

とにかく覚えておくべきは、小さな文字の注意事項を読まないと、命取りになりかねないということだ。これまでに私が経験してきた小さな文字の注意事項の話をしよう。

買った靴のサイズが合わなかったので返品しようとしたら「店の中にいる間なら返品できたが、一歩でも外に出たら返品できないことになっている」と言われたことがあった。

ある薬の小さな文字の注意書きを読んだら「危険な副作用があるかもしれないが、訴えることはできない」と書いてあった。

パソコンソフトの説明書に小さな文字で「パッケージを開けたら、すべての条件に同意したことになります」と書かれていた。しかし、そもそもパッケージを開けなければ小さな文字も読むこともできないではないか。いったい何なんだ。

小さい文字に関しては、まだまだおもしろい話がある。
ある男が悪魔に魂を売った。契約書によると、悪魔に願いを叶えてもらうと、人生のうちの五年を差し出すことになる。その男は、それでもかまわないと思った。
悪魔が持っていった五年は、人生の最後の五年ではなく最初の五年だった。最初の五年を失った人生を想像できるだろうか。それは、契約書に小さな文字で書いてあったのだ
では、小さい文字のどこに気をつければいいのか。基本的には以下の通りだ。

- **希望通りの保証があるか?**
- **契約の意味が変わるような隠れた条項はないか?**
- **違約条項には何があるか?**

これは食品の成分表示を読むことと似ている。体に入れたくない有害な成分が入っているような食品は買いたくないだろう。しかし、食品を買うときに、しっかり小さな説明を読む人は少ない。だから、食品メーカーは、保存料や着色料をどんどん使えるのだ。

とにかく、**小さな文字があったら、すぐに警戒モードに入らなければならない。**小さな文字で書かれている理由は一つしかない。それは、あなたに読まれたくないからだ。

ルール89

手に入る前に使ってはいけない

これは私にとって、すべてのルールの中でいちばん難しいものの一つだ。私には守るべきことがはっきりわかっている。次の通りだ。

- 手持ちのお金が足りないなら買わない。
- 出ていくとわかっているお金はあらかじめ取っておく。
- あらゆる借金は禁止。ローンも借金だ。

これを守れず、将来の収入をあてにすると、どんな結果になるか。次の通りだ。

- 支払いのお金が入るころには、飽きるか、古くなるか、壊れている。
- 見込んでいた収入がなくなると、借金を重ねることになる。

・将来の収入を今使う――この生活は必ず破綻する。
・計画が立てられなくなる。現実のお金ではないので、使いすぎるのも簡単だ。

こうした買い物をしないために、私がしているのは以下の四つのステップだ。これができれば、クレジットカードの支払いはかなり楽になるだろう。

1　時間を置く――本当に今、買うべきだろうか。時間を置けば衝動は収まるものだ。

2　利息を払う価値があるかを考える――明日のお金で買うということは、余計な利息を払うということだ。その価値はあるだろうか。

3　リスクを考える――この先状況が変わることはないか。あてにしていた収入は他に使うべきではないか。

4　この先、他に欲しいものができないかを考える――今日買ってしまったら、この先欲しいものは買えないかもしれない。念のために今は使わないほうがいいのではないか。

ルール90

老後の資金計画を立てる

これまでの人生のほうが、これからの人生より長くなったら、老後を真剣に考えるタイミングだ。老後のためのお金を貯めておくべき理由はいろいろある。

・国は頼りにできないかもしれない。
・他人の善意に頼るのはつらい（家族の善意に頼るほうがつらいかもしれない）。
・今の生活水準を維持したまま老後も暮らしたい。
・経済的自由を失いたくない。
・体が言うことを聞かなくなったとき、他人に助けてもらうお金が必要だ。
・老後は、今のようには働けないかもしれない。

人生には、のんびりする時間が必要だ。老後がその時間でないなら、いったいいつのんびりするのだろう。老後のお金の準備が必要なのは明らかなのだが、その準備をできる人は少ない。それは、若いうちは、自分が年を取るなんて想像もできないからだ。

今が楽しくて、未来を考える余裕がないこともあるだろう。家族を養うのに忙しくて、自分の将来に手が回らないこともあるだろう。住宅ローンの返済で、それどころではないこともあるだろう。若くて給料が安いので、老後資金に回す余裕がないこともあるだろう。

理由はいろいろあるだろうが、今から貯金を始めるためにガイドラインを示しておこう。

- **優先順位を決める**——欲しいものをリストにして、必要なものをリストの上に持ってくる。リストの下位は今買うのはやめよう。
- **支出を見直す**——お金のむだを整理して、浮いたお金を老後資金に回す。
- **年金か、代わりの資金源を確認する**——不動産や株があれば、売却して老後の生活費にできる。十分な額があることも確認する。
- **運用効率を上げる**——利息の高い金融商品を探し、資産を移す。

実際のところ年を取ると、必要なお金は少なくなる。子どもたちが独立すれば、もう広い家も必要ない。そこで浮かせたお金も老後資金に回そう。

ルール91
緊急事態のためのお金を用意しておく

備えが必要なのは、老後だけではない。もしもの緊急事態への備えも必要だ。すべてリストにすることはできないが、参考までに、備えておくべき事態の例をあげよう。

- 事故——交通事故、職場での事故など。
- 病気。
- 法律問題——訴訟、誤認逮捕など。
- 何らかの所有権争い——例えば、土地の境界争い。これには本当にお金がかかる。
- 子どもの問題——例えば、ドラッグ、望まない妊娠、警察沙汰、自動車事故、病気、旅先のトラブル……（旅先のタイで金欠になったり、帰る気がなくなった子どもを連れ戻すには大金がかかる）。
- 天災——洪水、地震、津波、干ばつ、地盤沈下、山火事、疫病など。

・不景気、失業、会社の倒産。

「いくら必要か？」「どういう形でお金を貯めておけばいいか？」――この二つも問題だ。まず「いくら」については、**今の生活を三カ月から半年は維持できる金額**というのがよく目安にあげられる。または、**年収の半分**という目安もある。

「どんな形で」については、**銀行の普通口座に置いておく**のがいちばんオーソドックスだろう。引き出しも簡単だからだ。

抜け目のないお金持ちは、普通預金以外に、貸金庫に非常用の現金を保管している。大災害の様子をニュースで見れば、預金を引き出すのも一苦労だということがわかる。

緊急事態には保険で備えるべきだと思うかもしれないが、そもそもすべての不測の事態に備えて保険に入るのは無理な話だ。掛け金だけで大変な金額になってしまう。

保険に入りたいと思うなら止めはしないが、私なら、その分を自分で運用してどんな緊急事態にも使えるお金として貯めておく。

ルール92

払う必要のないお金を払わない

ルール87では「安さを基準に買い物をしてはいけない」ということを学んだ。品質重視の買い物をするのだから「要は高いものを買うほうがよいのだろう」と誤解する人がいるといけないので、ここで確認しておきたい。

賢いお金持ちは、お金があるからといって、むだづかいするようなことはない。**同じものがもっと安く手に入るなら、安いほうを買うのが本当のお金持ち**というものだ。

最近私の友人がある高級車を購入することにした。いい車だから、私はうらやましくて仕方がなかった。

あまりにもうらやましかったので、私はいくらで注文したのかを質問してしまった。そして、彼の答えを聞いて耳を疑った。あまりにも高かったからだ。

「払える金額だから」と彼は言った。たしかにお金はあるのだろう。しかしこれは原則の問題だ。

「もっと安く買える店があるのに……」と私は思わず言ってしまった。彼は「そうだな。でもそれだと、電話一本では買えないだろう？　面倒だよ」と言った。

「じゃあ、私が安い店で買ってあげるから、差額分を二人で分けよう」――私はそう提案したのだが、彼はまったく乗ってこなかった。

せっかくお金があるのだから、ソファーに座って電話するだけで高級車が届けられる生活を楽しみたいというのだ。彼にとっては、それがお金持ちの定義であるようだ。

ロシアには「稼ぐのは時間がかかり、使うのはあっという間」という諺《ことわざ》があるが、まさにその通りだ。何年もかけて貯めたお金だって、一瞬で使い果たすことができる。

だからお金を使うときは、稼ぐとき以上に慎重にならなくてはならない。特に**高額なものや、購入ルートによって価格が違うものを買うときには、少なくとも三カ所以上で価格を比較するか、見積もりを取るようにしよう。**

買い物の喜びとは、お金を使うことではない。まず「いいものを安く手に入れる喜び」を覚えなくてはならない。幸いインターネットのおかげで価格の比較がとても簡単になった。これを活用しない手はないだろう。

ルール93

友人と家族からは絶対に借金しない

家族や友人にはたくさんの役割がある。

相手に関心を払って、愛すること。

つらい思いをしているときには慰め、ときに厳しい助言をすること。

一緒の時間を楽しみ、さまざまな思いや物事を共有して、支え合うこと……。

彼らに対してするべきことがあるのと同時に、絶対にしてはいけないこともある。「お金を借りること」は、してはいけないことの一つだ。

友人や家族からお金を借りるのは重大なマナー違反だ。恨みや仲違いの原因になり、大切な関係を壊してしまう。あまりにも厄介な問題が多すぎるのだ。とにかくやってはいけない。

人間関係の問題だけでなく、現実に法的な問題もある。お金を貸すには、貸金業の免許が必要だ。家族や友人は免許を持っていないから、お金を借りる相手としては不適切なのだ。私はふざけているのではない。人にお金を貸すには貸金業の免許が必要で、免許のない友人からお金を借りたら（または、免許のないあなたが友人にお金を貸したら）、何かあったときに法律の助けは得られない。そして、問題は必ず起こるのだ。間違いない。

もちろん、両者の間で借用書を交わしておけばトラブル回避につながるというような法律的な知恵はあるが、そんなことは細かなことだ。

いちばんの問題は、何らかの不測の事態でお金が返せなくなったら、友人や家族の絆を失う覚悟をしなければならないことだ。あなたにとっては、**お金と友人や家族のどちらが大切なのだろうか。**考えておいたほうがいい。

お金の貸し借りでは例外もある。それは友人や家族から投資してもらう場合だ。投資にはリスクがあって、**お金がまったく返ってこない可能性があることを家族や友人が納得しているなら、投資してもらってかまわない。**

とにかく、ここで絶対に避けたいのは、お金のトラブルから大切な人間関係にひびが入ることだ。友人や家族は大切な存在だ。お金ごときのことで失ってはいけない。

ルール94

会社の権利を手放さない

これは会社を経営している人（またはフリーランスで法人化を考えている人）にとって特に重要なルールだ。

この章のテーマは「ずっとお金持ちでいること」だが、そのためには会社の所有権や株式などの自分の持ち分を手放してはいけない。もし、手放すことを考えているのなら、利息を余計に払うことになったとしても、お金で払うことをおすすめする。

一人で会社すべてを所有するのは間違いだという考え方があるが、私が観察したところ、**本物のお金持ちは、会社の権利のすべてを自分のものにしている。**借金することもあるし、ローンを組むこともあるが、自分の会社の権利は絶対に手放さない。

うまくいきそうな事業だと思えば、エンジェル投資家は喜んでお金を貸してくれるが、彼らは持ち分を要求する。もし、そんな事態になったら、次の条件をつけることだ。

・ビジネススキルや知恵の提供はしてもらうが、経営は自分の判断で行う。
・経営方針は合議制で決定するのではなく、あなたが決定する。
・所有権や株式で譲り渡す比率が、高くならないようにする。
・この先あなたが現金を手にしたら、持ち分を買い戻せる条項を契約に入れる。

私は会社を経営していて、私以外にも出資者がいる。しかし彼らに議決権はない。つまり、彼らにも持ち分はあるが、会社をコントロールすることはできない。それに彼らに株を渡したのは、借金の返済ではなく、アドバイスへのお礼だ。

誰かからお金を出してもらうなら、あなたのビジネスに詳しく、いいところも悪いところも知っている人にすること。そして、**絶対に議決権を与えてはいけない。**

ルール95

お金を増やすことをやめる基準を決めておく

お金を増やすことやめる？　前のルールでは、持ち分を手放すなと言ったじゃないか。あなたが驚きのあまり息をのむのが聞こえてきそうだ。

持ち分を手放してはいけないのは、結果が出始めたころの話だ。成功して、自分でも予想していなかったほどの資産を手に入れたときの話ではない。**物事には潮時というものがある。**そのときがきたら、他の大切なことに目を向けよう。

- **家族とすごす時間を増やす。**
- **旅行や、他の楽しみに目を向ける。人生を楽しむ。**
- **自分の経験と知識を後進に伝える。**

お金を増やすことに熱中するのはいいことだ。しかしある程度豊かになったら、元の場所に戻らなければならない。

私はビル・ゲイツには感心させられる。彼はビジネスから引退し、慈善活動に専念した。それでも彼の資産は、今でも増えているに違いない。彼が使っているお金は、きっと利息の利息の利息の、そのまた利息の利息の利息くらいのはずだ。

ドミノ・ピザの創設者のトーマス・モナハンも、一〇億ドル以上の私財を投じてアベ・マリア大学を設立した。

ゲイツやモナハンは、自分とは次元が違うと思うかもしれない。たしかにそうだが、それでもゲームの終わりは考えておいたほうがいい。

「ここまできたら十分」というのはいくらか。どこで線を引くのか。

アラブでは昔から、「たくさん持っているなら富を与えなさい。少ししか持っていないなら心を与えなさい」と言われている。だからあなたも、たくさん持っている人になったら、その一部を分け与えよう。与えることについては、後のルールで詳しく見ていく。

たしかに、「いいものはいくらあってもいい」という言葉もあるが、**資産を築くのは、豊かな人生の一部にすぎない。**人生にはさまざまな側面があり、一つのことばかりにこだわらないほうがいいだろう。

5
章

お金を
正しく分け合う
11のルール

The
Rules
of
Money

せっかく増やしたお金を分け合うなんて
理不尽だと思うかもしれない。
しかし、本当に豊かで幸せなお金持ちは、
気前よく富を分け合っている。
私たちは彼らから学ばなければならない。

お金と人には、いろいろな関わり方がある。

お金を稼ぐ。お金を育てる。お金を守る。

賢くお金を使う。愚かにお金を使う。

お金を勝ち取る。お金を失う。お金を投資する……。

いちばん楽しいお金との関わり方は「分け合うこと」だ。
お金は美しい絵画と似ている。
一人で楽しむこともできるが、
多くの人と楽しさを分け合うこともできる。

「分け合ったら減ってしまうではないか」

——あなたはそう思うだろう。

本当にそうだろうか。私は違うと思う。

分け合ったお金は、価値が倍になる。

金額は倍にはならないが、違った形で必ず戻ってくる。

ルール96

賢いお金の使い方を見つめ直す

先日、あるすてきなロックミュージシャンの夫婦の記事を読んだ。二人はオックスフォードシャーの田舎に大きな家を買って、そこで落ち着いて子どもを育てるつもりだという。私はその記事を読み、賢いお金の使い方だと思った。子どもを育てるのに適した環境を手に入れると同時に、長期的に堅実な投資でもあるからだ。

同じ新聞には、あるファッションモデルの記事もあった。ドラッグの問題でよくニュースになっている人物だ。ドラッグは間違いなく、かなりお金のかかる趣味だ。

この二つの記事は対照的なお金の使い方を教えている。片方は、堅実な投資であり、もう一つはただのわがままな贅沢で浪費だ。こんな生活からは、お金の知恵は身につかない。

堅苦しいことは言いたくないが、お金を賢く使えない人は、お金を失うのも早い。**あなたはお金を賢く使っているだろうか。**それを確認するために、次の質問に答えてほしい。

・なぜお金持ちになりたいのだろう?
・お金のもっとも賢い使い道は何だろう?
・お金はあなたに何をもたらしてくれるだろう?
・あなたは、この世界がどうなることを望んでいるのだろう?
・あなた自身はどう見られたいだろう?
・あなたは死んだ後にどんな評判を残すだろうか?
・あなたは後世に何が残せるだろう?

資産のいちばん賢い使い方は、子どもにお金について教える教材にすること――個人的にはそう考えている。

社会全体がこれからも豊かになることを考えると、「お金の授業」を教育カリキュラムに入れる必要があるのではないかと私は思っている。

私は、税金や保険、お金の使い方について、まったく教わらなかった。そのおかげで、高い授業料を払いながら、自分で身につけなければならなかった。子どものうちに学ぶことができたら、こんな遠回りは必要なかったと思う。

ルール97

友人や家族にお金を貸すなら、返済を期待しない

あなたは自分のお金を、友人や家族と分け合うことができるだろうか。

答えは「イエス」かもしれないが、愛する家族や友人には、お金は貸さないほうがいい。**家族と友人にお金を貸していいのは、返済をまったく期待しない場合だけ**だ。そう心の準備をしておけば、たとえ返してもらえなくても心を乱されなくてすむ。しかも私の経験からすると、彼らはほぼ返さないのだ。

返してくれると信じていたのに、返してもらえなかったときのことを想像してみよう。あなたは、どんなに傷つき、がっかりするだろうか。

私には息子がいるからよくわかる。息子は、私にお金を貸してくれと頼み、そして私はあげるつもりで貸している。ときには返してもらえることもあり、それはうれしい驚きだ。返してもらえないときは、私の中で借金はなかったことにして、後は気にしない。

子どもは私にとって大切な存在だから、お金が原因で関係を台無しにしたくない。それ

でなくてもけんかの原因は山のようにあるのだから。

友人にお金を貸して返してもらえないとき、あなたが失うのはお金だけではない。彼らは返済できない自分を恥じて、あなたを避けるようになる。あなたは、裏切られて悲しくなり、もう彼らに会おうとしない。その結果、あなたは友情を失うことになる。

あるブログで大学生のお金の貸し借りについての相談を読んだ。彼はルームメイトに四万円貸したが、まったく返してくれないのだという。彼は貸す前に、何人かの友人に、そのルームメイトについて相談し、友人たちは「大丈夫だ。信用できる」と答えていた。

相談者は返済しないルームメイトと大げんかしただけでなく、他の友人たちとも不仲になっていた。友人たちが大丈夫だと言ったのが悪いと思ったからだ。

ブログを訪れた回答者たちは「ルームメイトを訴えろ」とアドバイスしていた。その後、この相談はさらに進展し、所持品の差し押さえの権利があるという話になっている。

私なら、**人生経験の授業料と考えて、きれいさっぱり忘れる**ことをおすすめする。もちろん学生にとって四万円は大金だ。しかし、いい教育にはそれなりのお金がかかるのだ。

ルール98

事業資金を貸すなら、持ち分を要求する

会社を設立する、事業を拡大するなど、何らかのプロジェクトのためにお金を貸してほしいと言われたら、考えられる対応はいくつかある。

「断る」なら問題はないが、「貸す」のは絶対にダメだ。特に、友人や家族にお金を貸すなら、最初からあげるつもりでなければならない。他には三つほどの選択肢が考えられる。それぞれについて検討してみよう。

条件付きで貸す——これを選ぶのは愚かなことだ。いったいどんな条件をつけるのだろう。「人類に貢献することなら貸す?」「事業が成功したら返す?」。条件は扱いが難しいのだ。

持ち分を要求する——このほうが、ましな選択だ。事業が成功すれば、何割かはあなたのものになる。問題は、リスクが大きすぎることだ。失敗したらお金は返ってこない。つま

り、成功するものにしかお金を出してはいけないのだが、そんなことは前もってわからない。

持ち分と交換できる権利を要求する――これはいい選択肢だ。最初は正式なローンとしてお金を出す。細かい返済条件を決め、法的に有効な契約書も取り交わす。こうすれば失敗してもお金は返ってくる。そして成功したら、貸した分が返ってくるだけでなく、成功の何割かも自分のものになる。この方法なら、お金を貸すのも悪くないと思えるだろう。

持ち分と交換するという条件で相手がいいと言うのなら、その相手は真剣で、成功の見込みも十分にあると考えてもいいだろう。失敗したら返済に回すお金が残らないかもしれないが、その場合は相手の不動産を差し押さえるという方法もある。

私は子どもが相手でも、金額が大きいときは、持ち分と交換できる権利を要求してみる。相手はお金を手に入れ、私は権利を手に入れる。「もう飽きた」「売りたくなった」などの理由で売却したくなっても、子どもは勝手にすることはできない。

おもしろいことに、私が権利を要求すると、子どもたちはあっさりお金を借りるのをあきらめる。別に親に言えないようなものを買おうというわけではないはずだが……。

ルール99

生きているうちにお金の始末をつけておく

お金をいくらたくさん持っていても、死んでしまったら使えない。天国への切符は買えないし、地獄から脱出する権利も買えない。死ぬときは体一つだ。何も持っていけない。人は何も持たずに生まれて、何も持たずに死んでいく。ある意味で、お金持ちになるすべての努力は、いずれむだになるということだ。

つまり、**お金は使えるうちに何か意義あることに使う必要がある**のだ。老後の安心のためにたっぷり蓄えたとしても、死を予感してから慈善活動を始めることもできないだろう。

お金を手放せない人は、お金の奴隷になっている。もちろん相続という形で家族にお金を残すことはできる。しかし、そのためにお金を使うなら、相続という形でお金を手放すのではなく、そのずっと前に手放しておくべきなのだ。

自分の死後、財産をどうするにせよ、きちんとプロのアドバイスをもらうべきだ。遺族にとっていちばん厄介なのは、いい加減な遺言のせいで莫大な税金を払う羽目になることだ。

相続税を保険でカバーすることもできる。生前に相続税のだいたいの金額を計算し、後はそれを全額カバーできる終身の生命保険に入ればいい。

ただし、保険は信託にして、支払われた保険金があなたの遺産の一部にならないようにしておく必要がある。何らかの財産を信託にするときは、くれぐれも注意してもらいたい。預ける先を間違えると、かなり面倒なことになるからだ。

いずれにせよ、私はプロのファイナンシャル・アドバイザーではないから、具体的なことはプロに聞いてもらいたい。とにかく私が経験からアドバイスできるのは、死ぬ前にお金の始末をすべてつけておくことが大切だということだ。

先日、ダライ・ラマの財産についての記事を読んだ。

彼は一日に六〇円の経費を受け取る。所有物は二枚のローブだけだ。それを洗濯をしながら交互に着ている。唯一の贅沢は、たまに新しい時計バンドを買うことだという。私に言わせれば、これはクールな生き方だ。

ルール100

正しい「ノー」の言い方を学ぶ

ある程度のお金が貯まってくると、いろいろな人があなたに群がってくるはずだ。あからさまにたかる人もいれば、魅力的な投資話で、巧妙にだまそうとする人もいる。だから、**お金持ちになるほど、きちんと「ノー」と言えることが大切**になる。

友人や家族に「ノー」と言うのはある意味で簡単だ。基本的には「ノー」だとルール97で決めたからだ。彼らも学習して、いずれ頼まなくなるはずだ。

ビジネス関係の知人に「ノー」と言うのも簡単だ。そういう話は、すべて会計士かアドバイザーに任せればいい。それだけで、気軽に頼んでみただけの相手は撃退できる。あきらめずに、きちんとしたビジネスプランを持ってきたなら、話を聞く価値はあるかもしれない。

具体的にどんなときに「ノー」と言うのかの指針を示しておこう。

・**直感がダメだと言っている**――直感は信じるべきだ。

・**相手がプレゼンテーションの準備をしていない**――最初に怠ける人は、変わらない。

・**自分と何のつながりもない**――赤の他人には基本的に「ノー」でいい。

「イエス」と言うのも「ノー」と言うのもあなたの自由だ。あなたのお金なのだから、あなたの好きなように使ってかまわない。ただ、次のことには気をつけてもらいたい。

・**罪悪感を覚える必要はない**――これは人間関係の問題ではなくビジネスの問題だ。

・**話を聞く相手の数を制限する**――お金が増えるほど、簡単に会えない人になろう。

・**相手を喜ばせるために「イエス」と言わない**――あなたに罪悪感を持たせる相手は、ある意味であなたを脅迫している。すぐに検討対象から除外するべきだ。

・**断るときははっきり断る**――「考えておく」などの答えは厳禁だ。はっきり「ノー」と言えば、相手も、そしてあなた自身も、気持ちが楽になる。

・**その気がないなら話を聞かない**――そもそもその気がないなら、相手が口を開く前に「頼み事ならお断りだ」とはっきり言おう。

ルール101

負い目を感じさせずに、お金を渡せるようになる

お金を渡す価値のない人に「ノー」と言うよりも難しいことがある。それは、お金を渡すべき相手に、負い目を感じさせずにお金を渡すことだ。相手を萎縮させたり、ばかにされたと思わせないで、お金を渡すにはどうすればいいのだろう。

これは、持っているお金の額に関係なく、誰もが練習しなければならないルールだ。特に子どもがいる人は、今すぐにマスターしなければならない。子どもに負い目や罪悪感を持たせることなくお金を渡せるなら、自分は親としてよくやっていると思っていい。

負い目を感じさせずにお金を渡す言い回しを覚えておこう。

「いつか宝くじに当たったときに返してくれ」——相手は、幸運に恵まれたときに返せばいいだけだ。ただあげるわけではないというのは、うまい言い方だ。

「お金はあるときもあれば、ないときもあるから」——今はたまたまお金があるが、この先なくなったら今度はそっちが助けてくれ、ということだ。

「幸せになってほしいんだ」——きみが幸せでないなら、私も幸せになれない。そこまで言われて、拒絶できる人などいないだろう。

「人助けだと思ってもらってくれ。税金対策だよ」——今この金額を手放せば、税金がかなり安くなるんだ。恩に着るよ。

「死んだら国に取られるだけだから」——だから今、喜んでもらえるところを見たいんだ。私が死んで悲しんでいるきみを見るよりずっといい。

もっと真剣に考えれば、他にもたくさん思いつくだろう。これを考えるのはなかなか楽しい作業だ。自分のお金で人助けをして、同時に独創的なアイデアも出すことができる。

ルール102

子どもにお金の不自由を経験させる

これから親に多額のお金を借りようと思っている人（または、単にもらおうと思っている人）は、書店で本書を買い占めて、燃やしてしまったほうがいいかもしれない。なぜなら、あなたにとって都合の悪いことを書くからだ。

親の役目は、子どもを守ってやることだけではない。**たまには子どもを突き放して、お金の価値を学ばせる機会を作ることも必要だ。**実のところ、このルールは私のもっとも苦手なものの一つで、だからこそ努力をしている。

毎月決まったおこづかいをあげるのはいい方法だ。限られたお金でやりくりする習慣を身につけさせることができる。大学進学などで子どもが家を出るときは、いちばんいいタイミングだろう。セックス、ドラッグ、夜更かし、悪い友達、深酒……大人の世界への入り口で自分を律する方法も学ぶのはいいことだ。

子どもが家を買うときや、ビジネスを始めるとき、車を買うときに援助するのもいいだろう。使い道をきちんと監視すれば、まともな買い物にだけ援助できる。

私のおすすめは、自分の死後に備えて信託基金にするという方法だ。子どもに知らせずに財産を贈与することができる。子どもが十分分別をつけたのなら、自分で財産を管理させてもいい。個人的には、自分できちんと稼いで、お金のありがたさを本当に理解できるようになってから、お金を渡すのがいいと思っている。

「お前が二五歳になったら財産を相続させる」というようなことを伝えるのは、絶対にやめてもらいたい。いずれ大金が入ってくるとわかっていたら、勉強や仕事をがんばることができなくなる。むしろ貧乏だと思わせて、必死でがんばらせるほうがいい。

では、おこづかいの金額はいくらが適当なのだろうか。それを決められるのは親だけであり、また年齢によっても変わってくるだろう。

子どもが一〇代になったら、おこづかい制をやめるのも一つの方法だ。これを納得させるのはかなり大変だろう。子どもと大げんかになるかもしれない。しかし、お金が必要になったらそのたびに親を説得し、納得させるという制度にすれば、苦労して手に入れたお金を大切に使うようになるだろう。

ルール103

自分なりの規準を決めて寄付をする

私は昔から、絶滅しそうな動物の保護のためのチャリティには疑問を持っている。お金を寄付しても、どれが自分が保護した個体かわからないではないか。動物園なら、自分のお金で救われた動物を見ることができるが、野生の王国ではそうはいかない。とにかく、これはあくまで私の個人的な意見だ。でも、チャリティに参加するなら、個人的に納得する必要がある。あなたにとっていいチャリティの選び方の指針をあげておこう。

1　自分にとって大切なことを決める——地球なのか、鯨なのか、幼い子どもなのか、貧しい人なのか、それともガンの研究なのか。

2　自分がやりたいことを決める——ただお金を出すだけか、参加するのか、アドバイザーになるのか、資金集めに協力するのか。

3　自分の条件に合ったものを探す——今はインターネットで検索すればいい。

4　チャリティの運営状況を調べる——財務報告、会計報告、パンフレット、キャンペーン情報、会員登録、ミッションステートメント、など。

5　直感を信じる——最後は自分の直感を信じて決めよう。

個人的には、直接寄付を頼まれた場合はすべて断ることにしている。寄付を頼まれるのがいやだからではなく、選ぶのを簡単にするために、基準を決めているだけだ。

私は、お金や物資を渡すだけでなく、直接行動するようなチャリティが好きだ。それに、寄付をするのは小さな団体と決めている。彼らのほうが寄付を必要としていると思うからだ。

その中でも、現実的な目標を設定しているところを選んでいる。世界中の貧しい人に食べ物を届けるのは立派な目標だが、いくらお金があっても足りないだろう。しかし、ある特定の村に清潔な水を届けるという活動なら、私も共感できる。貧困層の子どもに朝食を提供する活動も私の好みだ。

ルール104

自分のお金は自分で使う

自分のお金を自分で使うのは普通だって？　いや、実は違う。お金が増えるほど、他の人に使ってもらう必要性が大きくなるからだ。

実際、忙しくてお金があるなら、いろいろなことを人任せにしてしまうのは簡単だ。しかし、無制限に人任せにしていると、お金を失う危険性は大いにある。

私の観察によると、成功しているお金持ちは人任せにしない。つねに自分で細部まで目を配っている。年を取って、すべて自分ではできなくなるまでは何も手放してはならない。

友人にかなりのお金持ちがいる。彼は周りの人に喜んで自分のお金を使わせているので、彼の庭師は好きなだけ道具を買い込んでいる。芝刈り機はロールスロイス級の最高級品で、庭師は意気揚々と乗り回している。

その友人は、お客があるといつもケータリングサービスを使う。ケータリング会社は、注文を取らずに、いつもいちばん高いディナーのフルコースを用意している。

……いや、あなたの言いたいことはわかっている。「それがどうした？ お金はあるんだから問題ないだろう」。たしかに彼にはお金がある。しかし、次のような問題もある。

・いつもむだに高いお金を払わされている。
・高いお金に見合ったものを手に入れていない。
・お金のコントロールを失いつつある。
・お金はあっても鈍いヤツだと、周囲の人からの敬意を失っている。

自分のお金は自分で使わなければならない。そうでないと、**自分のお金のコントロールを失うと同時に、人としての尊厳を失うことになる。**他人にクレジットカードを渡してはいけないし、あなたの小切手にサインできるのはあなただけだ。

身内が、お金が必要だと言ってきたら、支出計画を具体的に書いた書類を提出させ、適正な予算を決める。とにかく、すべてに疑問を持ち、すべてに目を配り、自分が管理する。

そして、これは私からのアドバイスだ——共同名義口座は絶対に作ってはいけない。今の時代にそれが必要になる場面は一つもないからだ。

ルール105
アドバイスは自己責任で取り入れる

お金のアドバイスをもらいたいなら、事前に次のことを確認しなければならない。

・あなたは、どんなアドバイスを求めているのか？
・なぜアドバイスを求めるのか？
・現在、どんな状況か？　次に、どんな状態にしたいのか？
・アドバイザーにどんな役割を演じてもらいたいのか？
・アドバイスが間違っていた場合、どうするつもりか？

お金持ちを目指す人は、自分がお金持ちになって当然だと思っているものだ。そして、その通り本当にお金持ちになる人もいれば、ならない人もいる。

私はなれなかったほうだった。だから心を入れ替えてがむしゃらに働き、それなりのお金持ちになれた。ここまで来るのはかなり大変だったのも事実だ。**お金持ちの側の人間に近づいたら、人生をふり返ってみるといい。**次のことを確認しよう。

・自分が今いる場所。
・どうやってここまで来たか？
・自分の価値はどれくらいか？——金銭的価値と、精神的価値の両方。
・次はどこへ行きたいか？
・どうやってそこへ行くか？

以上の質問すべてに答えたら、そこで初めて、今後についてアドバイスを求めることができる。アドバイスは、専門家にお金を払うタイプのものでなくてもかまわない。ときに、予想外の場所や人から、貴重なアドバイスをもらえることもある。**人の話をよく聞こう。言外の意味をくみ取ろう。幸せになる方法を学ぼう。**いやはや、これはかなり大変なのだ。以上が私からのアドバイスだ。

ルール106

豊かさを見せびらかさない

お金持ちになることは目指す価値のある目標であり、そこまでの過程も楽しい。ただし、ピンクのベントレーを買うのはいただけない。成金趣味は、見ていて痛々しいだけだ。どうかお金は賢く使ってもらいたい。

質素倹約を旨として、自分のお金を大切にすること。見せびらかしてはいけない。今のあなたは特別なクラブの一員だ。お金持ちになったら、次のルールは守ってもらいたい。

- 派手な高級車に乗らない。
- 島やお城を買わない。農場を買わない。農場スタイルの家も買わない。
- 野生動物をペットにしない。
- プライベートジェットを買わない。
- 何人目かの若く美しい伴侶をもらうときに外国で結婚式をしない。

・巨大なダイヤモンドを買わない。

あなたが目指すのは、控えめで、上品で、洗練されていて、教養があり、質素で、豊かさを見せびらかさない誰からも尊敬されるお金持ちだ。ばかにされる存在ではなく、刺激を与える存在だ。あなたが目指すのは、若者のお手本になるような人物だ。感受性の豊かな人、恵まれない境遇の人が、目標にできるような人物だ。

運に恵まれて一夜にしてお金持ちになり、とたんに成金趣味に走って見せびらかすようになった人を見て、私たちは「うわ、感じ悪い」と思うものだ。他人のことをとやかく言うべきではないが、成金の趣味の悪い持ち物にはぞっとさせられる。

見せびらかすと、嫉妬され、批判され、おべっかを使われ、嫌われる。すべて当然の反応だ。そして**控えめな態度は、尊敬され、賞賛され、お手本にされる。**

いくら稼いでいるか、資産の額はいくらかなど、絶対に言ってはいけない。もし言えば、半分の人からは「それだけか」とばかにされ、もう半分からは「そんなに持っているのか」と恨まれる。

その情報を教えていい相手は、取引銀行の支店長だけだ。その場合でも、しつこく聞かれてやっと言うぐらいがちょうどいい。

6
章

他人のお金に
振り回されない
10のルール

The
Rules
of
Money

これまで自分のお金について学んできた。
実は、他人のお金も、
あなたの人生の満足度に大きな影響を与える。

特に、彼らがお金を使ってすることが、
あなたに直接的な影響を与えるときには注意が必要だ。

他人のお金の使い方に
影響を受けない態度を身につけることが大切だ。
そうしないと不必要な怒りや不安に苦しめられることになる。

他人のお金は他人のお金、自分には関係ない。
割り切って、他人のお金の使い方に
心が乱されないようにしなければならない。

あなたはただ、自分がお金持ちになったら、
自分のお金は正しく使うと心に決めるだけでいい。

ルール107

お金のあるなしで人を決めつけない

友人と一緒に、彼の知り合いのパーティに招かれた。その知り合いはかなりのお金持ちで、しかも、本物の貴族だった。

正直に言うと、私は会う前からその人物が気に入らなかった。特権階級にあぐらをかいて、世間知らずで傲慢な人物に決まっていると思っていた。

実際に紹介されてみると、驚くことに気持ちのいい人物だった。人の話を聞くのがうまくて、一緒にいて楽しく、地に足が着いたものの考え方をする人だった。

こんな私が言える筋合いではないが、人は、地位や財産で先入観を持ってしまいがちだ。昔から言い古されていることなのに、私はまんまと先入観にとらわれてしまったのだ。

本物の貴族であったあの人物は、たまたま生まれながらお金と特権を持っていたわけだが、普通の家庭に生まれ、自力でお金持ちになった人物となると、また世間の反応は違ってくる。

彼らは叩き上げとか成金と呼ばれるが、その呼称には微妙に軽蔑の意が含まれている。

彼らに対する世間一般のイメージは、頭は悪くて下品、手段を選ばず自己中心的……などだろう。私たちはここでもまた、相手のことを知らないのに勝手に決めつけている。そしてここでもまた、**お金持ちの多くは一般的なイメージに当てはまらない。**

問題は、そうやって偏見を持ったままお金を基準に判断する人のほうにある。

現実のお金持ちの多くは、よりたくさんの税金を払い、さらに慈善事業にも寄付している。多くのお金持ちは、そんなことを口にしないから、あなたが知らないだけだ。

彼らの多くは、地に足が着いたものの見方をしていて、お金のない生活がどんなものかもよくわかっている。そして、**彼らのほとんどは、まともなお金の使い方をしているから、街で出会ってもお金持ちのようには見えない。**

お金のあるなしと人柄は、基本的には無関係だ。もちろん、お金のせいで悪くなる人も中にはいる。しかし、それは、名声や昇進、アルコールが原因で人柄が変わるのと同じことだ。

たいていの人は、たまたまお金をたくさん持っていても（またはまったく持っていなくても）関係ない。ただ自分らしくしているだけだ。だから、お金ではなく、その人自身を見るようにしよう。

ルール108

お金持ちをねたまない

お金持ちを見ると、誰でもうらやましく思うものだ。

しかし、私たちに見えるのは、彼らの一面だけだ。**お金があることでつきまとう面倒は見えていない。**

お金が原因で、個人的な問題を抱えているかもしれない。あるいは、心に闇があるかもしれない。お金があるせいで写真週刊誌のカメラマンに追いかけられているかもしれない。

私に言わせれば、お金持ちになって三軒の家に住むというのは、悪夢のようなことだ。「お気に入りの靴下はどこだ?」「誰か私の眼鏡を見たか?　パリの家にはあったんだけど」「犬の散歩に行かないと。いや、ちょっと待て。犬はどの家だ?」……。

遠い存在のセレブでもうらやましいのだから、相手が親友、ご近所、同僚、姉妹……などなら、これはかなり厳しい状況だ。

隣の夫婦は、たいして仕事もしていないのに、年に三回も海外旅行に行っている。そしてあなたは、ほとんど働きづめで、一週間の国内旅行もままならない……これを受け入れるのは至難の業だ。

知り合いの女性に、親友と絶交した人がいる。大好きな親友だったが、相手がどんどんお金持ちになるのに、自分は生活が苦しくなるばかりで、嫉妬心を抑えられなくなったからだ。悲しいことだ。それで彼女がお金持ちになるわけではない。そして親友のほうも、実は私生活でとてもつらいことがあった。お金で解決できるならそうしたかっただろうが、お金では解決できなかった。

お金がない人は、お金さえあればすべての問題は解決すると考えてしまいがちだ。「年収が一五〇〇万円になれば、すべて完璧なんだけどなぁ」という思考回路だ。

しかし、それは間違いだ。あなたがお金持ちをうらやんでいるときに、お金持ちは、他の人の幸せな結婚や健康、自由な生活、やりがいのある仕事をうらやましく思っている。

よく聞いてほしい。**お金持ちでも貧乏でも、他人の中にうらやましいところはいくらでも見つかる。**人のものを羨望のまなざしで眺めるのではなく、自分がすでに持っているものに感謝できなければ、嫉妬心はなくならない。

ルール109

相手が求めたときだけアドバイスをする

どこかのセレブがまた豪邸を買った——そんな記事を新聞で読んでも、私なら肩をすくめ、次の記事を読むだけのことだ。しかし、相手がセレブではなく、親、友人、きょうだい、同僚、ご近所だとするとどうしても心がざわついてしまう。

弟が貯金をはたいて別荘を買おうとしている……。

親友が資産のすべてをあるベンチャー企業に投資しようとしている……。

両親が大金を寄付しようとしている……。

そんなときでも、ただ肩をすくめて、やりすごしていられるだろうか？　このルールを守るのは大変だ。相手がひどい失敗をしそうなときに、何も言わずにいられるだろうか。

しかし、もしかしたらあなたのほうが間違っているかもしれない。弟は別荘を売却して利益を出せるかもしれない。もしかしたら親友は、誰も応援しなかったベンチャー企業にただ一人投資して、大きな儲けを出すかもしれない。

あなたがどう考えようと、相手には関係のないことだ。自分のお金は自分の好きなように使う権利がある。無計画な使い方をしたいなら、そうすればいいだけだ。

あなただって、あなたのお金の使い方が理解できないなどと、他人からとやかく言われたくはないはずだ。あなたは彼らの浪費を苦々しく思うかもしれないが、彼らだってあなたはケチで、お金にばかりに執着して、お金で楽しむことを知らないと思っているかもしれない。

ここで大切なことは二つある。一つは、**意見を求められるまでは黙っている**ということ。求められたら、あなたの考えを正直に伝えてもいいが、相手が自分の言う通りにするべきだと勘違いしてはいけない。話を聞いて、それに従わないのも彼らの権利だ。

もう一つは、あなたの心の中の問題だ。ただ黙っているだけでなく、**他人が自分のお金で何をしようと自分には関係ないということを、きちんと納得しなければならない**のだ。「自分だったらあんなことはしない」と考えるのはかまわない。しかし、相手を批判したり、感情的になったりするのは間違いだ。

その理由は、逆の立場になったときに相手に批判されたくないからであり、自分には関係ないことで気をもむのをやめれば、自分の人生に集中できるからだ。

ルール110

親のお金は親のものだと納得する

これは一つ前のルールからの続きだ。誰でも自分のお金を好きに使う権利がある。本人が望むなら、すべてを誰かにあげてしまうこともできるし、全額を危険なギャンブルに賭けることもできるし、すべてを燃やしてしまうこともできる。

たとえ、その他人が、あなたの両親だとしても、あなたには何の権利もない。

……え？　親のお金はあなたのお金？　いずれ、遺産であなたのものになるのだから、勝手にあげたりするな？

それは間違っている。親のお金はあなたのお金ではない。**親が生きているうちは、あなたの遺産ではなく親のお金だ。あなたのお金があなたのものであるのと同じように。**

たしかにこれを受け入れるのは難しい。それは私にも理解できる。特に、あなたがお金に困っていて、親の遺産ぐらいしかあてにできないなら、納得できないだろう。友人の親が子どもに残そうとしているのに、自分の親の散財がなおさら耐えられないに違いない。

だからこそ、他人のお金は他人のものだということを、ただ頭だけでなく、腹の底から理解して、納得しなければならないのだ。そうでないと、親が散財したり、チャリティに全財産を寄付したりするのを見ると、怒りを抑えきれず、関係がぎくしゃくしてしまう。


なぜ両親は、あなたにお金を残すために、節約に励まなくてはならないのだろうか？

なぜ自分のお金で人生を楽しんではいけないのだろうか？

あなた自身は、何歳になったら、自分のお金は子どものものだと考えているだろうか？


冷静に考えてみよう。あなたが、いつまでも自分のお金を好きに使いたいと思うのなら、両親にも同じ権利はある。**両親には、生きているうちに自分のお金で楽しんでもらおう。**

親がどんなに「このお金はお前のものだ」と言っても、真に受けてはいけない。親のお金は、すべて親のものだ。彼らがついにこの世を去るまでは、他の誰のものでもない。そして亡くなった後に自分に何か残してくれていたら、ただ感謝すればいい。

ルール111

遺産についての親の判断を受け入れる

親が遺産をすべての子どもに平等に分けないのはよくあることだ。そして、それが発覚するときには親はもういないので、説明を求めることもできない。

子どもを平等に愛していても、遺産は平等に分けない理由はたくさんある。次のような理由がおそらく一般的だろう。

・いちばんお金が必要な子どもにたくさん残す。
・いちばんお金をかけた子どもには少なく残す。
・いちばん自分の世話をしてくれた子どもにたくさん残す。

他にも理由はあるだろうが、いずれにせよ、**たいていの親は、生前にお金の話はしない。**

つまり、あなたも親に直接質問するチャンスはないかもしれないということだ。

この問題に対処するには、まずルール110を完全に納得する必要がある。腹の底から、親には親の考え方があるということを認めなければならない。

それでは、**親の立場で考えてみよう。遺産を平等に分けない理由とは何だろう。**

もしかしたら、あなたの気持ちまで考えていなかったのかもしれない。しかし彼らは、すべての子どものことを頭に入れ、公平なバランスで分けようとしたのだ。

あなたはもらえるお金が少なくてがっかりするかもしれないが、それで家族の仲がぎくしゃくするほうが、ずっと問題だ。

そもそも、あなたはお金を失ったわけではない。ただ期待していたお金が入らなかっただけだ。

ここで大切なのは、親を恨まず、親との思い出に感謝することだ。

親を恨んでも何にもならない。時間はかかるかもしれない。他の人に気持ちを聞いてもらう必要もあるかもしれない。それでも、いつかは親の気持ちを理解しなければならない。

たとえ完全には同意できないとしても、親の立場で、他のきょうだい達を見てみよう。

そうすれば、心のわだかまりも消え、親の判断を受け入れられるようになるだろう。

ルール112

自分の選択を受け入れてくれた親に感謝する

ここでは、ルール111とは違う状況について考えてみよう。

あなたは何年もお金で苦労している。それに養う家族もいる。一方で、あなたの姉は、高収入で子どももはいない。姉はこれ以上のお金は必要ないし、あなたは遺産の半分をもらっても苦しいままだが、それでも両親は遺産を平等に分けた。

または、こんなシナリオはどうだろう。両親が晩年に体調を崩したので、あなたは何年も週末を介護に費やし、病院への送り迎え、庭の手入れ、買い物、家の掃除……とにかく親の世話は一手に引き受けた。

一方で弟は海外に住んでいて、二年に一度しか帰ってこなかった。そしてついに両親が二人とも亡くなると、自分と弟がまったく同じ額の遺産を受け取ることを知る。

私が全部やったのに！　どうしてこんな仕打ちをするの!?

……あなたは、遺産を期待して両親の世話をしたのだろうか。両親を愛しているからであり、自分がそうしたかったからのはずだ。私がそう断言するのは、あなたが本書の読者だからだ。もし遺産目当てで世話をするような人物なら、たしかに資格はないかもしれない。

両親にとって、遺言は子どもたちに気持ちを伝える最後のチャンスだ。すべての子どもを平等に愛していたのなら、遺産も平等に分けたいと思うだろう。そういう形でしか、気持ちを伝えることはできないからだ。

もう一つ理解しておかなければならないことがある。それは、両親はあなたのきょうだいを、あなたと同じように見ていないという事実だ。

愛にあふれた寛大な親の目から見れば、家族を持つことを選んだのはあなたの選択であり、子どもをあきらめてキャリアに専念しているのも姉自身の選択だ。

もう一つの例で言えば、外国で暮らすという弟の選択を両親は受け入れている。どんなに会えなくて寂しくても、彼らはあなたたちきょうだいを、自分の意志で自由に生きられるように育てた。だから子どもがどんな選択をしても、彼らはそれを受け入れる。

ここで**いちばん大切なのは、親の選択のせいできょうだいに恨みを持たないことだ。**よく考えれば、それがどれくらい理不尽なことかわかるはずだ。遺産を平等に分けた両親は、そんなことを望んでいなかったはずだ。

ルール113

お金よりも家族の縁を大切にする

悲しいことに、ほんの一部の親の中には、自分の死がどれだけ子どもの心に傷を残すかを考えない人がいる。中には、わざわざ残された人を傷つけるために遺言を書く人もいる。もしあなたの親がそういう人なら、実際に亡くなる前から、親がやりそうなことはわかるだろう。ずっとそうだったはずだからだ。親は生前から、遺産をエサに、あなたを脅して思い通りにしようとしていたかもしれない。

ここで覚えておきたいのは、**普通の親でも、遺産では判断がおかしくなることがある**ということだ。

知り合いの男性で、スキンヘッドにしたことで、父親の激しい怒りを買ってしまった人がいる。父親は発作的に相続人のリストから息子を外してしまったという。その直後、落ち着いて考え直す暇もなく、父親は急死してしまった。

別の友人は、六人きょうだいで、保守的な家庭に育った。母親に続いて、父親も亡くなると、すべての遺産がその友人のものになった。なぜなら、彼が長男だったからだ。世界を見れば、まだそうした文化が残っている場所もあるだろうが、二〇年前のロンドンでは、すでに普通のことではなかった。

ここでの問題は、扱いが不平等であるために、きょうだいの間に亀裂が入ることだ。この問題については、前のルールでも見たが、**まず理解しなければならないのは、誰かが優遇されたとしても、それが親の選択だったということ**だ。

両親の遺言が原因で家族仲がぎくしゃくするのなら、家族全員が犠牲者だ。親が意図的にそうしたかどうかに関係なく、家族全員が難しい立場に追い込まれる。

いちばん多くを残してもらった子どもは、罪悪感にさいなまれるし、両親の意に反して、そのお金を他のきょうだいとも分け合うようにプレッシャーを与えられる。そして、いちばん残してもらえなかった子どもは、自分だけが損をしたと考えるが、それは間違いだ。

この問題は白黒がはっきりできないものだ。あなたは納得できないかもしれないが、あなたの両親は、子どもの一人に多くを残して当然だと考えていたのだろう。

それ以前のきょうだい仲が悪くなかったのなら、**関係を維持することはお金よりもずっと大切で価値がある。**人は誰でも不運に見舞われることがある。お金では解決できないが、家族の支えに大いに助けられることもたくさんあるのだ。そのことを覚えておこう。

ルール114

子どもは親に対して何の義務もない

親のお金の話の次に、今度は子どものお金の話をしよう。

あなたはお金で苦労したが、子どもは成功してお金持ちになったとしよう。そもそも、あなたがお金で苦労したのは、子育てにお金をかけたからだ。子どもは親の犠牲のおかげで、小さいうちからいい教育を受けて成功し、経済力を身につけることができた。

少しぐらいなら、助けてもらってもかまわないのでは？

おこづかいをくれるか、旅行に連れていってくれてもいいのでは？

あなたたなら、私の答えは予想できるのではないだろうか。

答えは「ノー」だ。何度でも言うが、子どものお金をあてにしてはいけない。**親に恩返しをするのが義務だというようなことをほのめかすのも、絶対にダメだ。**

子どもにいい教育を受けさせたかったのはあなたで、子どもに苦労させたくなかったのもあなただ。あなたが間違った選択をしたと言っているのではない。その正反対だ。あなたは立派な子育てをした。あなたが受け取るべき報酬は、愛する子どもの成功を見ることだ。

あなたの両親も、あなたのためにできるかぎりのことをした。そして、あなたは彼らに対して何の義務もない。今度はあなたが、自分の子どものためにできるかぎりのことをする。そして子どもたちも、自分の子どものために同じことをする。

これがずっと続いていくのだ。**誰もがもらう側になり、誰もが与える側になる。**前の世代に恩返しすることはなく、次の世代に与えるだけだ。

あなたが親としていい手本を見せ、そして子どもも子どもを持つことを選んだのなら、きちんと次の世代に与えていくだろう。それが、あなたが受け取る報酬だ。

私の経験から一つだけ言っておきたいことがある。それは、子どもに多くを要求するほど、受け取るものは少なくなるということだ。

要求というのは、口に出さずに、相手の罪悪感に訴えるという方法も含まれる。親が何も頼まなければ、子どもは純粋な愛情から、できるかぎりの恩返しをしようとするだろう。

ルール115

お金の話題を家族のタブーにしない

お金について話すのは難しい。ほとんどの文化で、お金の話はタブーになっている。たとえ相手がいちばん近い家族でも、お金のこととなると普通に話せない。

とはいえ、きちんと話さなければならないときもある。私が言いたいのは、主に親が年を取ったときのことだ。**もし親にお金の心配があるなら、あなたが援助しなければならない。**

考えてみよう。親に収入がなくなったら、その後の生活にいくらかかるのかはわからない。その後の人生が何年あるかがわからないからだ。

家を持っているなら、いつ家を売るのか。老人ホームに入るなら、どのホームならお金が足りるのか。こうした諸々のことを決めなければならなくなる。

老後になって、旅行に行く余裕はあるだろうか。これはとても難しい問題だ。あと何年分のお金を残せばいいのかわからないので、はっきりした答えを出すのは不可能だろう。

老後を迎えると、多くの場合「これぐらいならだいたい大丈夫だろう」という感覚だけを頼りに生活することになる。想像してみれば、それがどんなに不安かわかるだろう。

まず、**あなたは親の実情を知らなければならない。**援助はお金がいいのか、アドバイスなのか。それとも、困ったときは絶対に助けると言って、安心させることなのか。

ある友人の父親は戦前の生まれで、自分の心配事は話さないタイプだ。聡明な人だったが、家の事情で学校に行くことができず、せっかくの知性を生かすことができなかった。低賃金の仕事を転々とし、無職の時期もあった。お金の心配が絶えず、いつも倹約を心がけていた。

高齢の父親が亡くなると、娘である友人はびっくりした。父親は長い間、収入の大部分を貯金していたのだ。こんなに貯金せずに使っていたら、両親はもっと楽な生活ができたのではないだろうか……彼女はそう考えずにいられなかった。

気まずさを乗り越えて、両親とお金について話しておけば、貯金を使って人生を楽しんでもらいたいと伝えることもできたはずだ。

実際のところ、**お金の話でいちばん気まずいのは、話を切り出すときだけ**だ。あなたからお金の話題を出せば、両親にとってもありがたいはずだ。

話が始まれば、後は順調に進むだろう。親もお金のことを正直に話せて、ほっとするだろう。だから、話すべきときが来たら、怖がらず、とにかく話してみよう。

ルール116

もらったお金は完全にあなたのものだ

ここまで読んだら、もうよくわかったはずだ。他人のお金は、どう使おうとその人の勝手だ。それはつまり、あなたも自分のお金は好きなように使っていいということでもある。あなたのお金は、どこから手に入れたお金だろうか。入手方法によって、何か違いはあるのだろうか。自分で働いて稼いだお金なら、何も気にせずに好きなように使うことができるだろう。しかし、もし誰かからもらったお金だとしたら？

家族や友人からもらったお金の使い道で悩んでしまう人は多い。これに使ってもいいのか、あれに使っても問題ないかとさんざん悩んでしまう。

はっきりさせておこう。**誰かにお金をもらったら、それは法的だけでなく、道義的にも、感情的にも、心理的にも、完全にあなたのものだ。**

贈り物とはそういうものだ。誕生日に香水をもらったら、使う前にいちいち報告するだろうか。もちろんそんなことはしない。お金もそれとまったく同じだ。

お金を貸した場合や、ある目的のためだけにあげた場合は事情が異なる。親から「これで旅行にでも行きなさい」とお金をもらったのなら、旅行に行くか、他の目的のために使うなら、親に相談して確認するべきだ。

（もちろんあなたは違うだろうが）子どもを支配する手段としてお金をあげる親もいる。最初はただの贈り物だと言ってあげたのに、後になって「こんなものにむだづかいするとは……」とか、「親のお金であんなものを買ったのか？」と言ったりするのだ。

そういう親は、お金を出したのは自分なのだから、使い道に口を出す権利があると思っているのだろう。しかし、彼らにその権利はない。あげるときに何も条件をつけなかったのなら、後から口を出す権利はないのだ。相手の心理作戦にはまってはいけない。

後で親が言いそうなことはわかるだろうから、**お金を受け取るかどうかを決めるのはあなただ。**これはきわめて現実的な選択だ。罪悪感の入り込む余地はない。

どういう経緯があったにせよ、他人のお金だったものがあなたのお金になり、あなたの手の中か、財布の中か、銀行口座の中に入ったのなら、それはあなたのものだ。自分の好きなように使ってかまわない。何かを買ってもいいし、貯金してもいい。ただし、どれを選ぶにしても、楽しむことを忘れないように。

おわりに

お金持ちになるのは一つの冒険だ。

どんな冒険になるかは人によってさまざまだ。

勤勉に働く。宝くじに当たる。相続する。盗む。賞金としてもらう。

ノーベル文学賞を受賞すると、賞金はおよそ一億円だ。これはすごい（読者の誰かが、私を推薦してくれないだろうか……）。

道で拾う人もいるし（インターネットで探せば、この手の話題がたくさん見つかる）、切羽詰まっている人なら、昔ながらの悪魔との契約という方法もあるだろう。

中国の風水の教えによると、トイレの便座を下ろさないと、お金は便器に流れていってしまうらしい（これは、最近になって発明された教えだろう。風水が生まれたころの中国に、洋式の水洗トイレがあったとは思えないからだ）。

アファメーションという方法もある。目標を紙に書き、よく目にする場所に貼る。さらに何度も声に出して読む。もしかしたら効果があるかもしれない。

クリスタルの力を借りるという方法もある。クリスタルの中には宇宙の銀行と共鳴するものがあるらしい。たぶん石でできた小切手みたいなものなのだろう（クリスタルはよく売れているという。つまり少なくとも業者にとっては、クリスタルのパワーは本物だったのだ）。

ダウジングという方法もある。曲がった棒を持って歩いていれば、お宝が埋まっている場所に来ると棒が動くという例のあれだ。お宝は金鉱かもしれないし、缶ビールのプルリングかもしれない。金属探知機にも似ているが、バッテリーはいらない。

競走馬のオーナーになるという道もある。ただし、私から見ればリスクが高すぎる。

高級ワインに投資する？　悪くはなさそうだが、飲まずに取っておける自信がない。

あなたは、以上のような方法を取るつもりだろうか。ここまで本書を読んできたのに、そうするのなら私はもう止めない。

とにかく、お金を増やしたいのなら、一〇〇パーセントの努力とコミットメントが必要なことだけは間違いない。

自分が選んだ道を信じ、他人の言葉に惑わされてはいけない。その「他人」の中には私も含まれる。それでは、幸運を祈る。

できる人のお金の増やし方 The Rules of Money

発行日 2016年 6月 20日 第1刷
2016年 7月 15日 第2刷

Author リチャード・テンプラー
Translator 桜田直美
Book Designer 長坂勇司

Publication 株式会社ディスカヴァー・トゥエンティワン
〒102-0093 東京都千代田区平河町2-16-1 平河町森タワー11F
TEL 03-3237-8321（代表） FAX 03-3237-8323
http://www.d21.co.jp

Publisher 干場弓子
Editor 原典宏

Marketing Group
Staff 小田孝文 中澤泰宏 吉澤道子 井筒浩 小関勝則 千葉潤子 飯田智樹 佐藤昌幸 谷口奈緒美 山中麻吏 西川なつか 古矢薫 原大士 郭迪 松原史与志 蛯原昇 安永智洋 鍋田匠伴 榊原僚 佐竹祐哉 廣内悠理 伊東佑真 梅本翔太 奥田千晶 田中姫菜 橋本莉奈 川島理 倉田華 牧野類 渡辺基志 庄司知世 谷中卓

Assistant Staff 俵敬子 町田加奈子 丸山香織 小林里美 井澤徳子 藤井多穂子 藤井かおり 葛目美枝子 伊藤香 常徳すみ イエン・サムハマ 鈴木洋子 松下史 永井明日佳 片桐麻季 板野千広 阿部純子 岩上幸子 山浦和

Operation Group
Staff 池田望 田中亜紀 中村郁子 福永友紀 杉田彰子 安達情未

Productive Group
Staff 藤田浩芳 千葉正幸 林秀樹 三谷祐一 石橋和佳 大山聡子 大竹朝子 堀部直人 井上慎平 林拓馬 塔下太朗 松石悠 木下智尋 鄧佩妍 李瑋玲

Proofreader 文字工房燦光
DTP アーティザンカンパニー株式会社
Printing 中央精版印刷株式会社

ISBN978-4-7993-1912-3